KB217345

도서출판 대장간은
쇠를 달구어 연장을 만들듯이
생각을 다듬어 기독교 가치관을
바르게 세우는 곳입니다.

대장간이란 이름에는
사라져가는 복음의 능력을 되살리고,
낡은 것을 새롭게 풀무질하며, 잘못된 것을
바로 세우겠다는 의지가 담겨져 있습니다.

www.daejanggan.org

루터의 신앙생활 안내서

루터를 안다

마틴 루터 지음 | 권진호 번역·해설

루터의 신앙생활 안내서

루터를 안다

지은이	마틴 루터
번역/해설	권 진 호
초판발행	2019년 8월 30일

펴낸이	배용하
책임편집	이승호

등록	제364-2008-000013호
펴낸 곳	도서출판 대장간
	www.daejanggan.org
등록한 곳	충청남도 논산시 가야곡면 매죽헌로1176번길 8-54

분류	기독교	인물	종교개혁
편집부	전화 (041) 742-1424
영업부	전화 (041) 742-1424 · 전송 0303 0959-1424
ISBN	978-89-7071-491-2 03230

 값 12,000원

마틴 루터는 '복음의 박사' Doctor Evangelii로 알려져 있다. 초대교
회의 어거스틴이 '은총박사', '교회의 스승'으로, 중세교회의 토
마스 아퀴나스가 '천사 같은 박사'로 불렸다면, 루터가 '복음의
박사'로 불리는 것은 마땅하다. 루터는 기독교 역사에서 바울이
말하고 있는 복음을 가장 정확하게 이해한 사람 가운데 하나였고
값없이 주시는 하나님 은혜와 그리스도에 대한 복음을 믿는 믿음
으로만 구원받는다는 사실을 바르게 이해하고 전파한 사람이었
기 때문이다. 루터는 복음의 정의를 『복음서에서 기대해야 하는
것에 관한 작은 가르침』에서 다음과 같이 말한다.

> 복음은 바로 그리스도에 관한 말 또는 역사[이야기]이다. 다시
> 말해, 복음은 그리스도가 누구이고, 무슨 일을 하셨고, 무엇을
> 말씀하셨고, 어떻게 고난을 겪으셨는지를 포함한 그리스도에
> 관한 연대기, 역사, 삶의 서술이다. 그리고 그런 것이어야 한
> 다. 복음은 그리스도가 하나님의 아들이고 우리를 위해 인간이
> 되어 돌아가시고 부활하셨으며 만유의 주인이 되셨다는 사실,
> 간단히 말해 그리스도에 관한 이야기이기 때문이다.[1]

복음은 시작부터 끝까지 예수 그리스도에 관한 것이고, 그리스도에 관한 소식이다. 루터는 믿음이란 바로 이 복음을 믿는 것이라는 사실을 깨닫고 평생 이 사실을 많은 사람이 알도록 하는데 심혈을 기울였다.

루터가 죽었을 때, 그의 동료인 필립 멜란히톤Philipp Melanchthon은 "나는 그로부터 복음을 배웠다"라고 고백했다. 멜란히톤은 자신이 루터로부터 신학의 가장 중요한 것, 곧 믿음의 기초와 중심을 배웠다는 사실을 강조한 것이다. 복음은 바로 하나님의 말씀과 믿음에 관련된 모든 것이다. 복음을 배운 사람은 신학자와 그리스도인이 되는 데 필요한 모든 것을 배운 셈이다. 루터 역시 복음 없는 모든 신학과 믿음은 어리석은 짓이요, 구원과 영생을 얻는 데 전연 쓸모없다고 강조하였다. 복음에 모든 복이 있기 때문이다.

종교개혁이 일어난 지 500년이 지났다. 한국교회는 2017년 역사적인 종교개혁 500주년을 맞이하여 이를 기념하는 다양한 행사와 프로그램을 가졌다. 그런데 행사를 치르면서 종교개혁의 의미를 되새김과 동시에, 루터가 주장한 '오직 믿음'sola fide이 오히려 한국교회 성도들을 도덕적으로 해이하게 만들었고 선행에 소

홀하게 하였기에 앞으로 '오직 믿음'이 아니라 선행을 강조해야
한다는 주장들이 쏟아져 나왔다. 역자는 당시 종교개혁 500주년
을 맞이하는 이런 교회의 분위기 속에서 대학 은사님과 나눈 대화
가 아직도 기억에 생생하다. 지금 한국교회에서 이루어지고 있는
종교개혁 500주년 행사들이 외형적인 '형식'에 치중하고 있지만,
한국교회는 앞으로 이것을 뛰어넘어 종교개혁이 추구했던 '내용'
에 관심을 두게 되리라는 내용이었다. 한국교회가 루터가 깨달은
복음에 관심을 가져야 한다는 당위성과 함께, 그러한 관심을 갖
게 될 것이라는 예견을 바람으로 담아 말씀하셨던 것으로 기억된
다. 이것은 한국교회가 루터와 종교개혁 신학의 핵심인 '오직 믿
음'을 피상적으로 알 뿐, 본질은 모르고 있다는 의미이기도 하다.
한국교회의 문제는 지금까지 '오직 믿음'만을 주장하여서가 아니
라, 오히려 그 '오직 믿음'의 의미를 바르게 이해하지 못한 채 선
포해 온 것에 있다. 루터의 말대로, 믿음이란 하나님의 역사이기
에 성령을 통하여 인간을 새롭게 태어나게 하고 변화시켜서 하나
님을 즐거워하게 하고 하나님의 뜻에 자발적으로 순종함으로 값
없이 이웃을 사랑하도록 만든다. 역자는 루터의 이런 신학과 복
음이 한국교회와 성도들에게 정확히 전달되지도, 이해되지도 못

한 점을 아쉽게 생각한다. 진정한 복음의 회복을 위한 노력은 한국교회에서 계속되어야 한다. 역자는 그런 자성을 위한 노력에 하나의 밀알이 되길 기도하며 루터의 작품들을 번역하여 출판하게 되었다.

루터는 신학자였을 뿐만 아니라 탁월한 작가였다.[2] 그는 작가로서 신학과 교회뿐만 아니라 문화와 사회에도 지대한 영향을 주었다. 그의 글과 사상에 나타난 독창성과 기지는 흥미롭고 타의 추종을 불허할 정도였다. 루터는 한 서신에서 자신의 글에 대해 이렇게 말했다. "누군가 내 글과 생각을 읽는다면 그는 틀림없이 이렇게 말할 것이다. '이것은 루터 것이다!'" *WA Br* 10,175,7-8

루터의 작품은 그의 생존 시에 매우 인기가 있어 출판업자들의 최우선 출판대상이었다. 출판업자들의 등쌀에 못 이겨 루터는 자신의 작품들을 모은 전집을 출간하게 된다. 그러나 그는 독일어 작품 전집에 대한 서문에서 자신의 책들이 저술되지 않았거나 모두 없어졌으면 좋겠다는 말을 한다. 그 이유는 단 하나이다. 그에게 있어 읽을 가치가 있는 책은 오직 하나, 성서뿐이었기 때문이다.

루터의 작품들은 그가 성서와 씨름하면서 발견한 복음을 쉽고도 명료하게 설명해주고 있다. 그중 루터의 신학에 대한 입문 목적으로 네 작품을 선별하였다. 역자는 루터의 이 작품들을 읽으면 '루터를 안다'라고 말할 수 있다고 감히 확신해본다. 이 네 작품은 서로 다른 영역이지만 루터의 신학을 이해하는데 기초적이고도 핵심적인 내용을 담고 있다. 성서와 복음의 요약이 잘 드러나 있는『로마서 서문』성서, 그리스도인의 본질과 그리스도인 삶의 요약을 제시하는『그리스도인의 자유에 관한 논고』저작, 믿음과 선행의 바른 이해를 보여주는『불의한 재물에 관한 설교』설교, 루터 자신이 걸어간 신학의 길을 통해 참된 신학자가 되는 길을 보여주는『루터의 비텐베르크 독일어 전집 서문』서문이 바로 그것이다.

역자가 번역한 루터 작품에 근거하여 루터 신학의 핵심내용을 한마디로 정리해 본다면 바로 '오직 믿음으로' 의롭게 된다는 것이다. '이신칭의'以信稱義는 인간의 이성으로 다 이해할 수 없는 하나님의 신비이다. 하나님의 은혜로 선물로 주어진 믿음에 의해 우리는 하나님 앞에서 의롭다함을 받는다. 간혹 루터의 '오직 믿음'은 선행善行과 이웃 사랑을 소홀히 하거나 무시하는 것으로 여겨지는데, 이러한 오해는 루터에 따르면 믿음의 능력을 조금도 경험하지도, 맛보지도 못했기 때문에 생겨난 것이다. 믿음은 하나님의 역사이다. 그래서 믿는 자들은 성령을 통해 선행을 하고, 사랑을 한다. 따라서 루터의 '오직 믿음'은 '사랑으로 역사하는 믿음'이라고 말할 수 있다. 루터는 오직 믿음으로 구원받는다고 말한 것이며, 선행은 그 믿음에 자연스럽게 따라오는 열매라는 사실을 강조한 것이다. 루터에게 중요한 것은 믿음과 행위의 관계, 다시 말해 믿음의 소임과 행위의 소임을 정확하게 구별하여 아는 일이다. 좋은 나무와 좋은 열매의 관계처럼 말이다. 그런데 인간은 죄성으로 눈이 어두워 믿음과 행위의 바른 관계를 이해하고자 하지 않을 뿐만 아니라 이해할 수도 없다. '오직 믿음'을 설교하면 선행이나 행위들은 소홀하게 되고, 반면에 행위를 강조하면 행위주의에 빠지고 만다. 그러므로 루터는 중도를 걸어가라고 말한다. 믿음만이 우리를 복되게 만들고 구원한다는 사실을 분명히 밝히면서도, 바른 믿음은 열매인 행위로 증명되어야 한다는 사실을 강조해야 한다고 조언한다.

...

역자는 대학에서 주로 루터의 신학과 그의 작품 및 설교를 주제로 강의하고 있다. 복음의 핵심이자 루터 신학의 중심을 명료하게 보여주는 작품들, 즉 '오직 믿음'의 주장과 그리스도인의 삶의 본질이 무엇인지 분명하게 보여주는 작품들을 번역하여 수업시간에 교재로 사용하였다. 이 책이 바로 그 결과물이다. 이 책은 역자가 강의하는 목원대학교 신학생들이 없었다면 나오지 못했을 것이다. 신학생들은 루터 강의에 진지하게 임하며 역자에게 묵상과 영감을 더하여 주었다. 그들에게 이 자리를 빌려 감사의 마음을 전한다. 또한 루터의 신학을 배우며 성경을 해석하는데 적용하고 이것을 강단에서 설교하고자 고군분투하는 박사과정 학생들에게도 고마움을 전한다. 이들이 필자로 하여금 루터를 더욱 깊이 연구하도록 늘 자극을 주었다. 이 책이 나오기까지 개인적으로 도움을 주신 분들이 있다. 교정을 도와준 박보영 권사님, 교정과 더불어 비판적 관점에서 조언을 해주신 나인선 교수님, 본인의 일인 양 출판사 문을 두드려주신 박의규 목사님께 감사드린다. 마지막으로, 루터의 작품을 번역하고 글을 쓸 때마다 같이 고민해준 아내에게 고마움을 전한다.

한국교회는 루터가 새롭게 깨닫고 발견한 복음으로 다시 돌아가야 한다. '오직 믿음'을 외친 종교개혁자 루터의 신학을 재발견해야 한다. '오직 믿음'에 담긴 깊은 진리를 깨달아야 한다. 한국교회는 '오직 믿음'을 통해서만 다시 부흥할 수 있다. 부흥은 하나님의 일이기 때문이다. 루터의 작품들이 한국교회의 그리스도인들에게 널리 읽혀 하나님의 복음의 불길이 한국교회에 다시 한번 뜨겁게 타오르길 소원한다.

2019년 8월

권 진 호

1. 성서본문은 개정개역 인용을 원칙으로 하되, 필요한 경우 루터 작품의 의미에 맞게 수정하기도 하였다. 루터는 불가 타Vulgata 성서를 인용하기도 했다.

2. 보충설명을 하는 역자주에는 대괄호-[ ], 독자 이해의 편의 를 위해 필요한 경우에는 위첨자를 사용하였다. 루터 작품 의 번역은 원문의 의미를 사실 그대로 전달하는 것을 원칙으 로 하되, 내용상 의미 전달이 어려운 경우 의역하였음을 밝 힌다. 그리고 모든 소제목과 문단번호는 역자가 독자의 이 해를 돕기 위해 임의로 단 것이다.

3. 이 책에서 사용된 약어는 다음의 문헌을 의미한다.

   WA : Weimarer Ausgabe (루터작품)

   WA DB : Deutsche Bibel (성서와 관련된 작품)

   WA Br : Briefe/Briefwechsel (서신/서신교환)

   WA TR : Tischreden (탁상담화)

   예를 들어 *WA* 6,10,7이란 루터작품 바이마르 전집 제6권 10 쪽 7번째 줄을 뜻한다.

차례

I

『로마서 서문』

역자 해설3)

만일 루터의 종교개혁과 그 신학이 우연히 이루어지거나 시대적인 상황에 기인한 것이 아니라고 한다면, 우리는 종교개혁의 기원을 루터가 성서와 씨름했다는 사실에서 찾아야 한다. 그의 종교개혁신학은 한마디로 성서, 특히 복음의 재발견이기 때문이다. 루터는 에어푸르트Erfurt 대학에 입학해서야 비로소 성경을 읽기 시작했고, 1505년 아우구스티누스 수도원에 들어간 이후 불타는 열망으로 성경을 집중적으로 읽었다. 이후 루터는 1512년 10월 신학박사가 된 후에 비텐베르크Wittenberg 대학에서 '성서학 교수직' Lectura in biblia을 맡아 성서를 강의하는 교수로 평생 활동하였다. 그는 본질적으로 성서 신학자였고, 성서는 그의 신학을 구성하는 뼈대였다.4) 루터는 삶의 문제에 대한 해결책을 성서에서 발견하고자 하여 성서를 "읽고 또 읽기를 반복하였다."5) 이것이 루터 종교개혁의 근원적인 기초가 되었다. 성서가 인간 삶의 근본적인 질문에 대한 해답을 준다는 확신 때문에, 루터는 수년간 개인적으로 성서를 읽었으며 30년 이상 교수로서 성서연구를 하였던 것이다.

…

루터는 『신약성서 서문』에서 '참되고 매우 값진 신약성서'로 요한복음, 베드로전서, 그리고 바울서신, 특히 로마서를 강조한다.6) 루터는 이 책들의 공통점에 대해 '모든 성서의 참된 핵심과 본질', 그리고 복음의 바른 유형이 포함되어 있다고 말한다. 다시 말해 이 책들에서는 "어떻게 그리스도에 대한 믿음이 죄와 죽음과 지옥을 이기고 생명과 의와 복을 주는지" 발견된다. 그러므로 루터는 그리스도인이 이 책들을 자주 읽고 일용할 양식처럼 다루어야 한다고 권면하였다.

그는 성서의 다른 어떤 책보다도 특히 로마서를 깊이 이해하고자 하였다. 그는 『로마서 서문』에서 그리스도인은 로마서를 부지런히 읽어야 하되, 가능하면 "한 단어 한 단어 외워야 할 뿐만 아니라, 영혼의 매일 양식처럼 그것을 날마다 다루어야 한다"라고 강조한다. 로마서가 루터에게 갖는 의미와 중요성은 로마서 자체의 내용뿐만 아니라, 루터의 신학의 발전과정과도 관련된다. 루터가 성서를 강해하는 성서학 교수로서의 초기시절을 회고하면서 1545년에 쓴 『라틴어 전집 서문』을 통해, 우리는 로마서가 루터의 생애에서 결정적인 역할을 하였음을 볼 수 있다.7) 회고에 따르면, 루터는 로마서 1장 17절의 '하나님의 의' iustitia Dei를 새롭게 이해하였다. 즉, 심판하시고 처벌하시는 하나님의 속성으로서의 의義를, 은혜로 인하여 믿음을 통해 죄인을 의롭게 하시는 하나님의 선물로 이해하였고, 결국 이것은 종교개혁적인 사상을 발견하는 계기가 되었다. 루터는 로마서와의 만남으로 중생의 체험과 천국에 들어가는 경험을 하였다고 증언하였다.

루터는 로마서와 씨름하며 종교개혁 사상을 발견하였을 뿐만 아니라, 로마서와 함께 종교개혁 사상을 계속하여 발전시켜 나갔다. 그의 종교개혁 사상의 형성뿐만 아니라 종교개혁의 관철과 영향에 중요한 역할을 한 것은 무엇보다도 『로마서 강의』 1515-16 이다. 루터는 이 강의를 통해 무엇보다도 성서 전체를 이해할 수 있게 되었다. 이 강의는 루터의 종교적, 신학적 발전에 영향을 주었을 뿐만 아니라, 루터가 중세 로마교회의 신학면죄부, 참회 이해, 성례론과 싸우는데 근거가 된 칭의론을 새롭게 이해하는데 도움을 주었다.8)

루터는 로마서가 하나님의 은혜로운 행동인 칭의에 관한 가르침, 즉 복음을 바르게 이해하도록 인도한다고 여겼다. 그런데 이 복음을 바르게 이해하는 전제조건은 인간의 자기 자신에 대한 바른 인식, 즉 자기 자신을 죄인으로 인식하는 것이다. 루터는 강의 첫 부분에서 "죄를 확인하고 증가시키고 크게 하는 것" peccata ... statuere, augere et magnificare 9) 이 로마서의 본질적인 주제라고 언급한다. 인간의 죄의 폭로는 성서의 관점에서 보면 인간의 자기 인식을 의미한다. 죄에 대한 바른 인식 없이는 은혜와 하나님의 의 역시 알 수 없다. 루터에 따르면, 로마서의 핵심이자 의도는 인간 자신의 의와 지혜를 철저히 내려놓고 자신의 죄와 미련함을 명백히 밝히고 증가시키고 확대하여, 결국 그리스도와 그의 의가 필요함을 보여주는 것이다.10)

인간의 죄에 대한 이해는 사실 하나님께서 인간에게 바라시는 것에 대한 이해와 밀접한 관련이 있다. 하나님께서는 인간에게 개별적인 계명들을 의무적으로 뒤따르는 단순한 순종을 바라시는 것이 아니다. 오히려 하나님의 뜻을 진정한 마음으로 순종하며 전적으로 헌신하고 무조건적으로 사랑할 것을 요구하신다.[11] 그러나 그러한 순종과 헌신은 인간에게는 불가능한 일이다. 인간의 본질을 규정하는 것이 바로 자기사랑이라는 근원적인 죄peccatum radicale이기 때문이다. 루터는 죄, 심지어 칭의 이후에도 여전히 신자에게 머무는 죄를 부각시키고 그 죄가 인간을 총체적으로 지배하며 믿음 안에서 주어진 의에도 불구하고 여전히 힘을 갖고 있다고 주장한다.

이렇게 로마서가 루터에게 의미 있고 중요한 책이었음에도 불구하고, 루터는 1515-1516년에 행한 『로마서 강의』 이후 로마서를 새롭게 주석하는 일을 시도하지 않았다.[12] 다만 로마서 전체에 대한 그의 신학이 1522년 번역된 신약성서『9월 성서』에 추가된 『로마서 서문』에서 다시 한 번 전개되었을 뿐이다.

...

루터의 성서 서문은 루터 신학의 핵심을 담고 있을 뿐만 아니라 그의 신학을 조직적으로 개관하는데 적절하다. 루터가 이것을 쓴 목적은 독자들이 성서를 바르게 이해하고 그들을 그 핵심 가르침인 그리스도에 관한 복음으로 인도하기 위함이다. 루터는 신약성서의 번역을 끝마친 후 1522년 가을에 로마서 서문을 썼다. 루터의 성서 서문 가운데 『로마서 서문』은 매우 특별한 위치를 차지한다. 성서 각 권에 대한 서문들은 대부분 짧지만, 이들 가운데 몇

개의 성서 서문은 성서를 이해하기 위한 신학적 개념과, 복음과 관련된 가치를 설명하고 있다는 점에서 중요성이 있다. 그중 신학적으로 깊은 의미를 지닌 것이 바로 『로마서 서문』이다.

루터의 『로마서 서문』은 루터교에서 수백 년 동안 일종의 신약신학 편람 역할을 하였다. 이 서문은 복음을 강력하게 요약하는 증언으로, 경건주의와 특히 존 웨슬리의 회심에 큰 영향을 주었다.[13] 또한 영국의 초기 종교개혁가이자 성서번역자로 유명한 틴데일William Tyndale의 신학 형성에도 많은 영향을 주었는데, 이것은 그의 성서 번역과 성서 서문에서 엿볼 수 있다. 흔히 루터의 『로마서 서문』의 번역이라고 알려진 틴데일의 『바울의 로마서 서문』은 자신만의 용어와 신학적인 관점을 가지고 루터의 『로마서 서문』을 수용하였다.[14]

루터는 『로마서 서문』에서 "이 서신은 참으로 신약성서의 주요한 부분이며 가장 순수한 복음이다"라는 말로 로마서의 중요성을 언급하였다. 루터에 따르면, 바울 스스로도 로마서에 중요성을 부여하였으며, 그 로마서에서 신약성서뿐만 아니라 성서 전체를 밝힐 수 있는 빛이 발견된다고 보았다.[15] 바울이 로마서에서 "기독교와 복음의 가르침 전체를 간단하게 요약하고자" 했다는 것이다. 루터는 로마서에 대한 이러한 해석학적인 평가를 통하여 성서가 유일한 기쁜 소식인 예수 그리스도에 대한 복음을 담고 있다는, 교회사에서 그 어떤 것에도 견줄 수 없는 새로운 인식을 하게 되었다.[16]

『로마서 서문』은 로마서 강의에 비하면 상당히 짧지만, 매우 조직적으로 구성되어 있다특히 첫째 부분. 서문은 크게 두 부분으로 나뉘는데, 첫 부분은 바울이 로마서에서 사용한 용어 설명이다. 여기서 루터는 인문주의특히 1521년 멜란히톤의 『신학개요』 Loci communes의 방식에 기대어 주요개념들을 정의하고, 그 다음에 이 개념들로부터 주요관점들을 도출하는 방식을 취하였다.17) 루터는 로마서 번역에 로마서의 상세한 개요를 첨가하는 것에 만족하지 않고 중요한 개념들에 대한 설명을 덧붙이면서, 로마서를 기독교의 가르침에 대한 조직적인 요약이자, 성서 이해를 위한 열쇠로 선보였다.18) 또한 저자인 바울의 관점에서 해석하기보다는 루터 자신의 관점을 가지고 로마서를 고찰했다. 자신이 번역한 성서를 읽는 독자들이 주어진 개념에 대한 이해를 토대로 그의 해석과 관점을 알 수 있도록 한 것이다. 바로 율법, 죄, 은혜, 믿음, 의, 육, 영 등이 바울뿐만 아니라 성서 전체를 바르게 이해하게 하는 핵심개념에 속한다고 보았다.19)

개념을 설명하는 첫 부분에 이어 두 번째 부분은 서신의 각 장을 해석하면서 요약하고 있다. 두 번째 부분은 첫 번째 부분의 주요개념 설명과 상당 부분 연관되기에 적은 내용으로도 서술이 가능했다. 루터는 여기서 각 장의 핵심내용을 차례로, 그리고 내적인 맥락 안에서 서술하며 서신의 논증 구조를 전체적으로 표현하는 데 집중하였다. 로마서는 크게 1–3장과 4–124–16장으로 나뉜다. 루터가 가장 중요하게 생각한 1–3장에서는 서신의 본질적인 주제, 즉 죄를 드러내는 것과 예수 그리스도에 대한 믿음 안에 있는 의가 다루어진다.

...

『로마서 서문』의 위대한 공헌 가운데 하나는, 루터가 구원의 확신을 위해 얻고자 했던 것, 즉 종교개혁의 핵심내용인 오직 믿음으로 의롭게 된다는 사실을 율법과 그리스도인의 삶이 갖는 관계를 통해, 독자들에게 믿음과 행위의 바른 관계와 그리스도인의 삶의 본질을 이해하도록 만들었다는 점이다. 그리스도인의 삶은 우선 율법으로 표현되는 하나님의 계명을 듣고 행하는 것이어야 한다. 그런데 이 사건의 전환점이 되는 것은 믿음에 있다. 믿음 이전, 즉 옛사람은 죄성으로 말미암아 하나님께서 원하시는 율법의 행위나 율법의 성취 혹은 참된 선행을 할 수 없다. 오직 믿음을 통하여 태어난 새사람만이 즐거움을 가지고 선한 것을 행할 수 있는 자유가 있다. 다시 말해 오직 믿음만이 하나님의 계명과 의지에 일치하여 사랑 안에서 자발적인 순종을 하도록 만들 수 있다. 따라서 인간은 믿음으로 율법으로부터 자유하게 되지만, 동시에 믿음가운데 자유롭게 율법을 행한다. 루터에 따르면, 인간이 즐거움과 사랑을 가지고 행함으로 하나님의 뜻을 성취하는 과정은 로마서 구성에서 중요한 의미를 갖는다. 그 과정을 순대로 나열하면 다음과 같다.

  1) 죄와 그리스도의 은혜를 깨달을 수 있도록 그리스도와 복음을 마음에 두어야 한다.

2) 로마서 1-8장이 가르치는 것처럼 죄와 싸워야 한다.

3) 9-11장의 가르침처럼 십자가와 고난 가운데 있는 자들에게 위로를 주는 예정의 가르침이 필요하다.[20]

4) 12장 이하의 가르침대로 그리스도인의 행동에 대한 구체적인 지침들에 따라 행해야 한다.

『로마서 서문』은 그리스도인의 본질과 삶의 정체성을 분명하게 보여준다. 우리는 믿음을 통하여 이와 더불어 그리스도와 성령이 역사하는 새사람이 되어야 한다. 그것만이 그리스도인으로 살게 하는 유일한 길이 된다. 믿음을 통한 새로운 피조물 됨은 이후 그의 행위를 결정한다. "행위가 인격을 만드는 것이 아니라, 인격이 행위를 만든다"Opera non faciunt personam, sed persona facit opera [21]라는 루터의 언급처럼 새로운 존재가 되는 것이 우선이다. 이 일은 순전히 믿음에 달려 있다. 우선, 피조물은 그리스도에 대한 믿음을 통하여 선하고 의롭게 되어야 한다. 그 이후 비로소 모든 행위가 믿음으로부터 자발적인 순종 가운데 나올 수 있다.[22] 그래서 루터의 윤리는 '물질적'이 아니라 '인격적'이다. 다른 말로 표현하면, 행위의 선함과 악함은 행위 자체에 달려 있는 것이 아니라, 그 행위를 하는 사람의 본질에 의해 결정된다는 것이다.[23]

『로마서 서문』은 루터가 로마서에서 발견한 종교개혁 신학과 복음의 편람으로 볼 수 있다. 또한 이것은 루터의 전체 신학을 규정하고 각인시키는 종교개혁적인 신학을 담고 있다. 『로마서 서문』의 신학적인 의의는 하나님께서 오직 은혜를 통하여 죄인을 의롭게 하신다는 사실과, 이러한 칭의는 복음에서 선포되는 그리스도에 대한 믿음으로 이루어진다는 사실을 율법의 성취라는 관점에서 묘사하고 있다는 점이다. 그리스도에 대한 믿음만이 율법의 성취를 이루며 선행과 참된 순종의 유일한 원천이다. 왜냐하면 믿음이 성령을 동반하고, 그 성령이 우리를 영적인 율법과 닮도록 만들기 때문이다. 그리스도를 믿음으로 새롭게 태어난 자만이 율법을 성취할 수 있다. 루터의 『로마서 서문』은 그리스도에 관한 믿음과 그 열매로서의 선행이라는 종교개혁적인 이해를 그리스도인의 삶과 연관 지어 오늘날 성숙한 신앙생활을 하고자 하는 한국교회의 성도들에게 인상 깊게 들려주는 메시지다.

참고 및 추천도서

WA DB 7,2-27.

K. Aland ed. "Vorrede zum Brief des Paulus an die Römer." *Luther Deutsch*. *Vol. 5*: *Die Schriftauslegung*. Göttingen: Vandenhoeck & Ruprecht, 1990, 45-61.

E. K. Cameron. "Preface to the Epistle to the Romans." *The Annotated Luther*. *Vol. 6*: *The Interpretation of Scripture*. Minneapolis: Fortress Press, 2017, 457-479.

권진호. "루터의 '로마서 서문'에 나타난 그리스도인의 삶." 「장신논단」 50-3 (2018), 121-147.

최성수. 『종교개혁의 5대 원리』. 서울: 예영커뮤니케이션, 2017.

서문 – 로마서는 신약성서의 주요 부분이다

1. 로마서는 참으로 신약성서의 주요 부분이며 가장 순수한 복음이다. 이것은 모든 그리스도인이 한 단어 한 단어 외워야할 뿐만 아니라 영혼의 매일 양식처럼 날마다 다루어야 할 가치가 있다. 이 서신은 아무리 자주 읽거나 깊이 숙고한다고 해도 지나치지 않다. 우리가 이 서신을 더 많이 다루면 다룰수록, 이것은 더 소중하게 되고 더 많은 유익을 주게 된다.

2. 그러므로 나도 하나님께서 내게 힘을 주시는 한 최선을 다해이 서문을 통하여 모든 사람이 이 서신에 접근하도록 하여이 서신을 더 잘 이해하도록 도움을 주고자 한다. 이 서신은그 자체가 거의 성경 전체를 비출 만큼 충분히 밝은 빛임에도 불구하고, 지금까지 그럴듯한 주석들과 온갖 종류의 쓸데없는 이야기로 그 의미가 제대로 전달되지 못했다.

1부. 서신에서 사용된 개념 설명

3. 먼저 우리는 이 서신의 언어를 알아야 하고 바울이 말한 율법, 죄, 은혜, 믿음, 의, 육, 영과 같은 단어의 의미를 알아야

한다. 그렇지 않으면, 이 책을 읽어도 아무 유익이 없다.

율법 – 하나님의 율법은 마음의 중심을 요구한다

4. 당신은 여기서 '율법'이라는 짧은 단어를 마치 인간적인 방식으로, 즉 이것을 해야 하거나 하지 말아야 할 행위에 관한 가르침으로 여겨서는 안 된다. 그렇게 하는 것은 인간의 법을 다루는 방식일 뿐이기 때문이다. 인간의 법의 경우, 우리는 진정한 마음이 없을지라도 행위로 그 요구를 만족시킬 수 있다. 그러나 하나님은 마음의 중심을 보고 판단하신다. 그러므로 하나님의 율법 역시 마음의 가장 깊은 곳에 요구를 한다. 그것은 단순히 행위로 만족될 수 없으며, 또한 마음속 깊은 곳으로부터 행해지지 않는 행위를 위선과 거짓이라고 처벌한다. 시편 116편11절은 모든 사람을 거짓말쟁이라 부른다. 왜냐하면 누구도 마음 중심으로부터 하나님의 율법을 지키지 않을 뿐만 아니라 지킬 수도 없기 때문이다. 모든 사람은 본래 선한 것을 싫어하고 악한 것은 즐거워하기 때문이다. 만일 선에 대한 자발적인 즐거움이 없다면, 마음의 중심은 하나님의 율법에 놓여 있지 않은 것이다. 거기에는 분명 죄가 있으며, 외적으로는 많은 선한 행위들과 존경할만한 삶이 있는 것처럼 보일지라도 하나님의 진노를 받아 마땅하다.

누구도 행위를 통해 율법의 행위자가 되지 못한다

5. 그리하여 바울은 2장13절에서 유대인들은 모두 죄인이라고 결론지으며 율법을 행한 자만이 하나님 앞에서 의롭다고 말한다. 이것은 누구나 단지 자신의 행위를 통하여 율법의 행위자가 된다는 사실을 말하고자 하는 것이 아니다. 바울은 오히려 다음과 같이 말한다. "너는 아무도 간음하지 말라고 가르치나 너 자신은 간음하는도다."2:22 "심판자인 네가 그와 똑같은 일을 행하므로 너는 다른 사람을 판단하는 것으로 너 자신을 정죄하는도다."2:1 바울이 말하고자 한 것은 다음과 같다. "너는 율법의 행위에 있어서 겉으로는 훌륭한 생활을 하며 그렇게 살지 않는 사람들을 판단한다. 그리고 너는 모든 사람을 가르치는 방법을 잘 알고 있다. 뿐만 아니라 너는 형제의 눈 속에 있는 티는 본다. 그러나 정작 너 자신의 눈 속에 있는 들보는 깨닫지 못한다."마7:3

율법은 자발적인 순종을 요구한다

6. 만일 당신이 처벌에 대한 두려움이나 보상에 대한 기대로 외적 행위를 통해 율법을 지킨다면, 이 모든 것은 율법에 대한 자발적인 즐거움과 사랑 없이 억지와 강요 아래 행해지는 것이다. 율법이 당신을 강제하는 자리에 없었다면, 당신은 다르게 행했을 것이다. 이 사실로부터 당신은 마음 중심으로부터 율법을 몹시 미워한다는 사실이 도출된다. 만일 당신

자신이 마음으로 도둑질하며 할 수만 있으면 외적으로도 기꺼이 도둑이고자 한다면, 다른 사람에게 도둑질하지 말라고 가르치는 당신의 가르침이 무슨 소용이 있겠는가? 외적인 행위가 그러한 위선자들에 의해 오랫동안 행해졌다. 그렇게 당신은 다른 사람을 가르치지만, 정작 당신 자신을 가르치지는 않는다. 또한 당신은 자신이 가르치고 있는 것이 무엇인지도 모른다. - 당신은 아직도 율법을 정확히 이해하지 못했다. 더구나, 바울이 5장20절에서 말하듯이 율법은 죄를 더하게 한다. 왜냐하면 율법이 사람이 행할 수 없는 것을 더 많이 요구할수록, 사람은 더욱더 율법을 미워하게 되기 때문이다.

율법은 영적이다

7. 이러한 이유로 바울은 7장14절에서 "율법은 영적인 것이다"라고 말한다. 이것은 무슨 의미인가? 만일 율법이 육체를 위해 존재한다면, 그것은 행위로 만족될 수 있을 것이다. 그러나 율법은 영적인 것이다. 그렇기 때문에 당신이 행하는 모든 것이 당신 마음의 중심으로부터 행해지지 않는다면, 당신은 율법을 만족시킬 수 없다. 그런데 그러한 마음은 오직 하나님의 영에 의해서만 주어진다. 하나님의 영은 사람을 율법과 닮도록[일치하도록] 한다. 그래서 사람은 마음으로 율법에 대한 즐거움을 느끼게 되고, 더 나아가 두려움과 강

제가 아니라 자원하는 마음으로 율법을 행하게 된다. 이렇
듯 성령에 의해 주어진 마음을 통해서만 율법을 사랑할 수
있고 성취할 수 있으며, 율법이 그러한 영을 요구하는 한,
율법은 영적인 것이다. 성령이 없는 곳에는 죄가 머무르며,
율법 자체는 선하고 바르고 거룩하다고 할지라도 성령이 없
는 마음에는 율법에 대한 불만과 적대감이 있게 된다.

율법을 행하는 것과 율법을 성취하는 것은 서로 다르다

8. 따라서 당신은 '율법을 행하는 것'과 '율법을 성취하는 것'
은 서로 다른 사실이라는 언급에 익숙해야 한다. 율법의 행
위[율법을 행하는 것]란 사람이 자신의 자유의지나 능력으
로 율법을 지키기 위하여 행하거나 행할 수 있는 모든 것이
다. 그러나 이러한 모든 행위 가운데에는, 그리고 그런 행위
들과 더불어 마음속에는 여전히 율법에 대한 혐오와 강요가
남아 있으므로, 이러한 행위들은 모두 헛되며 아무 가치가
없다. 이에 대해 바울은 3장20절에서 "아무도 율법의 행위로
하나님 앞에서 의롭다 여김을 받지 못하리라"고 말한다. 따
라서 논쟁가들과 궤변가들이 행위를 통하여 은혜받을 준비
를 하라고 가르칠 때,[24] 당신은 그들이 기만하고 있음을 알
아야 한다. 사람이 혐오하며 내키지 않은 마음으로 선행을
한다면 어떻게 행위로 선을 준비할 수 있겠는가? 행위가 내
키지 않는 마음과 반항하는 마음으로 이루어진다면 그것이

어떻게 하나님을 기쁘시게 하겠는가?

율법을 성취하는 것은 오직 믿음을 통하여 가능하다

9. 그러나 율법을 성취하는 것이란 즐거움과 사랑을 가지고 행하는 것이요 마치 율법이나 처벌이 없는 것처럼 율법의 강요에 의해서가 아니라 자발적으로 경건하고 선한 삶을 사는 것이다. 바울이 5장 5절에서 말하는 것처럼, 율법에 대한 이러한 즐거움과 자발적인 사랑은 성령에 의해 마음에 주어진다. 그런데 성령은 바울이 서론적인 언급에서 말하는 것처럼, 예수 그리스도에 대한 믿음 안에서, 믿음으로, 믿음에 의해서가 아니면 주어지지 않는다. 더구나 믿음은 바울이 3장 25절, 4장 25절, 10장 9절에서 말하는 것처럼, 하나님의 아들이자 인간이요 우리를 위해 죽으셨다가 다시 살아나신 그리스도를 설교하는 하나님의 말씀 혹은 복음을 통해서만 생겨난다.

믿음만이 의롭게 한다 – 율법은 믿음을 통하여 세워진다

10. 그러므로 믿음만이 사람을 의롭게 하고 율법을 성취한다. 왜냐하면 믿음이 그리스도의 공로로 인해 성령을 임하게 하기 때문이다. 그리고 성령은 율법이 요구하는 것처럼 기쁘고 자발적인 마음을 만든다. 그리하여 선행은 믿음 자체로부터 나오게 된다. 이것이 바로 바울이 율법의 행위를 거절한 후에 3장 31절에서 말한 내용이다. 그가 율법의 행위를 거

절한 것은 마치 믿음으로 율법을 폐지하고자 하는 것처럼 들린다. 그러나 그는 "그럴 수 없느니라. 도리어 우리는 믿음으로 율법을 굳게 세운다"라고 말한다. 즉 믿음으로 우리는 율법을 성취한다.

죄 – 불신앙은 모든 죄의 주된 근원이다

11. 성서에서 '죄'는 육체의 외적인 행위뿐만 아니라, 외적인 행위를 하도록 이끄는 모든 것, 즉 내적인 마음과 그 힘을 의미한다. 그래서 '행하다[죄를 짓다]'라는 짧은 말은 사람이 완전히 죄에 빠져 사는 것을 의미한다. 왜냐하면 사람의 육체와 영혼이 전체적으로 참여하지 않는 죄된 외적 행위는 결코 없기 때문이다. 성서는 특별히 마음을 주목하며 모든 죄의 뿌리와 근원을 골라낸다. 그것은 바로 마음의 가장 깊은 곳에 있는 불신앙이다. 따라서 믿음만이 사람을 의롭게 하며 성령과 선한 외적인 행위에 대한 즐거움을 가져다주는 것처럼, 창세기 3장의 낙원에서 아담과 하와에게 이루어졌듯이 오직 불신앙이 죄를 짓게 하며 육을 부추기고 악한 외적인 행위들을 즐거워하도록 한다.

그리스도는 오직 불신앙을 죄라고 언급하신다

12. 이러한 이유로 그리스도께서는 요한복음 16장8-9절에서 "성령이 세상으로 죄를 깨닫게 하실 것이다. … 그들이 나를

믿지 않기 때문이다"라고 말씀하실 때, 불신앙만을 죄라고 하셨다. 그러므로 선하거나 악한 행위가 선하거나 악한 열매로 나타나기 전에, 먼저 마음속에 믿음 또는 불신앙이 존재해야 한다. 불신앙은 모든 죄의 뿌리이자 수액이요 주된 힘이다. 이러한 이유로 성경은 그것을 독사의 머리요 옛 용의 머리라고 한 것이며, 창세기 3장15절에서 아담에게 약속한 것처럼 여인의 씨인 그리스도께서 그것을 발로 밟으셔야 한다.

은혜와 은사

13. '은혜'[은총]와 '은사'[선물]는 다음과 같은 차이가 있다. 은혜는 본질적으로 하나님의 호의나 선한 의지를 의미한다. 은혜는 하나님 자신이 우리에 대해 가지고 계신 것이며, 이것에 근거하여 하나님은 그리스도와 성령을 은사들과 함께 우리에게 주고자 하신다. 이러한 사실은 5장15절에서 분명하게 나타나는데, 여기서 바울은 "하나님의 은혜와 은사가 한 사람 예수 그리스도의 은혜로 말미암아 많은 사람에게 넘쳤느니라"라고 말하고 있다. 은사들과 성령이 우리 안에서 날마다 증가하지만 아직 완전하지는 않기에, 바울이 로마서 7장5절 이하과 갈라디아서 5장17절에서 말하는 것처럼 성령을 거스르는 악한 욕망과 죄가 우리 안에 아직 남아 있으며, 창세기 3장15절처럼 여인의 씨와 독사의 씨 사이에 싸움이 예언

되어 있다. 그런데도 은혜는 우리가 하나님 앞에서 완전히 의롭다고 간주될 정도로 많은 것을 행한다. 왜냐하면 그의 은혜는 은사처럼 나뉘거나 분배되는 것이 아니며, 하나님께 서는 우리의 중재자요 중보자인 그리스도로 인하여, 그리고 우리 안에서 은사가 역사하기 시작하였기 때문에 자신의 호 의 안에 우리를 온전히 받아주시기 때문이다.

그리스도인은 의인인 동시에 죄인이다

14. 당신은 이러한 의미로 7장을 이해할 수 있는데, 여기서 바 울은 자신을 아직도 죄인으로 부른다. 그러나 8장1절에서 그 리스도 안에 있는 자에게는, 아직은 충만하지 않은 은사들 과 성령으로 말미암아 정죄함이 없다고 말한다. 육은 아직 근절되지 않았기 때문에 우리는 아직 죄인이지만, 우리는 그리스도를 믿으며 성령이 우리 안에서 역사하기 시작하셨 기 때문에, 하나님은 우리에게 호의를 베푸시고 자비로우셔 서 우리의 죄를 세거나 그것 때문에 우리를 심판하지 않으실 것이다. 오히려 그는 죄가 근절될 때까지 그리스도에 대한 우리의 믿음에 따라 우리를 다루신다.

믿음

15. '믿음'은 어떤 사람들이 믿음[신념]이라고 간주하는 인간의 관념이나 꿈이 아니다. 믿음에 대해 많은 것을 듣고 말하면

서도 그 믿음으로 인해 삶의 개선이나 선한 생활이 뒤따르지 않는 것을 볼 때, 그들은 오류에 빠져 다음과 같이 말한다. "믿음으로는 충분하지 않다. 우리는 의롭게 되고 구원받기 위하여 행해야 한다." 이것은 복음을 듣고 성급히 "나는 믿는다"는 생각을 스스로 마음속에서 만들어 낸 결과이다. 그들은 이러한 생각을 참된 믿음으로 간주한다. 그러나 그것은 마음의 중심까지 도달하지 못하는 인간의 허구와 관념이기 때문에 어떤 것도 행하지 못하며 어떤 변화도 가져오지 못한다.

믿음의 능력과 일

16. 그러나 참된 믿음은 우리 안에서 이루어지는 하나님의 역사이다. 그래서 믿음은 요한복음 1장12-13절에서 말하는 것처럼 우리를 변화시키고 하나님으로부터 새롭게 태어나게 하며, 옛 아담을 죽이고 우리를 마음heart과 감정affection과 생각mind과 모든 능력powers에 있어 완전히 다른 사람으로 만들고 성령을 동반한다. 오, 이 믿음이야말로 살아 있고 영향력 있고 활동하고 강력히 역사하는 것이다. 따라서 믿음이 선행을 중단하는 것은 불가능하다. 믿음은 선행을 해야 하는지 묻지 않으며, 오히려 그러한 질문을 하기 전에 이미 선행을 하며 계속하여 역사한다. 그러나 그렇게 행위들을 하지 않는 자는 누구나 불신앙인이다. 그는 믿음과 선행을 더듬거

려 찾고자 하나, 믿음이 무엇인지, 선행이 무엇인지 모른다. 그러면서도 그들은 믿음과 선행에 관하여 반복하여 많은 말을 한다.

믿음과 행위는 분리되지 않는다

17. 믿음은 하나님의 은혜에 대한 생생하고 흔들림 없는 신뢰이다. 그것은 너무나도 확실하여 신앙인이 자신의 생명을 천 번이라도 걸 수 있을 정도이다. 하나님의 은혜에 대한 이러한 신뢰와 지식은 하나님과 모든 피조물을 대할 때 즐겁고 담대하고 유쾌하게 만드는데, 이 모든 것은 성령이 믿음 안에서 행하시는 일이다. 그러므로 믿는 자는 자신에게 이러한 은혜를 보여주신 하나님에 대한 사랑과 찬양으로부터 강요 없이 자발적으로 기꺼이 누구에게나 선한 일을 행하고 모든 사람을 섬기고 모든 것을 인내하고자 한다. 그리하여 열과 빛을 불과 구분하는 것이 불가능한 것처럼, 행위를 믿음으로부터 분리하는 것 또한 불가능하다. 그러므로 당신이 가진 잘못된 관념들을 조심하고, 믿음과 선행에 관해 판단할 수 있을 만큼 스스로를 충분히 지혜롭다고 여기지만 실상은 가장 어리석고 쓸모없는 수다쟁이들을 경계하라! 하나님께서 당신 안에서 믿음을 만들어 내시도록 기도하라! 그렇지 않으면, 당신은 무엇이든 생각하거나 행할 수 있을지언정 분명 믿음 없는 상태에 영원히 머무르게 될 것이다.

하나님의 의

18. '의'란 바로 그러한 믿음이다. 이 의를 '하나님의 의' 또는 '하나님 앞에서 유효한 의'라고 부르는 이유는, 하나님께서 의를 주시고 그것을 우리의 중재자 그리스도로 인하여 의로 간주하시며 믿는 자로 하여금 모든 사람에 대한 의무를 행하도록 하기 때문이다. 사람은 믿음을 통하여 죄가 없게 되고[죄로부터 자유하게 되고] 하나님의 계명을 즐거워하게 되며, 이로써 하나님께 영광을 돌리고 마땅히 지불해야 할 것을 지불한다. 또한 그는 가능한 수단들을 통해 모든 사람을 기꺼이 섬기고 더불어 모든 사람에게 해야 할 일을 한다. 본성이나 자유의지나 우리의 능력은 이러한 의를 만들어 낼 수 없다. 왜냐하면 누구도 스스로 믿음을 가지지 못하는 것처럼, 자신의 불신앙 역시 스스로 제거할 수 없기 때문이다. 그렇다면 어떻게 사람이 단 하나의 죄라도 없앨 수 있겠는가? 그러므로 믿음이 없는 가운데 혹은 불신앙 가운데 행해진 것은 아무리 그럴듯하게 보일지라도 로마서 14장23절이 말하는 것처럼 모두 오류이고 위선이고 죄이다.

육과 영 – 육적인 인간과 영적인 인간

19. 당신은 '육'flesh과 '영'spirit을 이해하되, 육은 마치 부정한 것과 관련된 것으로, 영은 마음의 내적인 것과 관계되는 것으로만 이해해서는 안 된다. 오히려 요한복음 3장6절에서 그리

스도께서 말씀하신 것처럼, 바울은 육으로부터 난 모든 것, 즉 몸과 영혼과 이성과 모든 감각을 가진 전인全人을 육이라고 하였다. 왜냐하면 그 안에 있는 모든 것이 육을 갈망하기 때문이다. 그리하여 당신은 고상하고 영적인 것들에 관하여 많은 것을 생각하고 가르치며 말하더라도 은혜 없이 행하는 자를 '육적'이라고 보아야 한다. 당신은 이 사실을 갈라디아서 5장 19-21절에 있는 '육의 일'이라는 말에서 배울 수 있는데, 여기서 바울은 이단과 미움 역시 '육의 일'이라고 부르고 있다. 그리고 로마서 8장 3절에서 "율법이 육으로 말미암아 연약하여"라고 말한다. 이것은 부정함에 관해서가 아니라 모든 죄에 관해, 무엇보다도 '가장 영적인 악덕'에 해당되는 불신앙에 관해 말하는 것이다.

20. 반면, 그리스도께서 제자들의 발을 씻으셨을 때처럼요 13:1-14, 그리고 베드로가 배를 타고 고기를 잡았을 때처럼, 바울은 매우 외적인 행위를 하는 자를 '영적'이라고 부른다. 결국, '육'은 육의 이익과 현세적인 삶을 위해 내적으로 또는 외적으로 살고 일하는 자를 나타내지만, '영'은 성령과 다가올 삶을 위해 내적으로 또는 외적으로 살고 일하는 자를 뜻한다.

21. 당신이 이러한 단어들을 이해하지 못한다면, 바울서신이나 성서의 다른 책들을 이해하지 못할 것이다. 그러므로 이러한 단어를 다른 의미로 사용하는 모든 선생들을 조심하

라! 그가 심지어 오리겐, 암브로시우스, 어거스틴, 제롬처럼 뛰어나거나 혹은 그들보다 뛰어난 사람일지라도 말이다.

2부. 로마서 각 장의 요약

이젠 서신의 내용을 다루어보자.

1장. 인간의 커다란 죄

22. 복음을 설교하는 자의 의무는 먼저 율법과 죄를 드러냄으로, 성령과 그리스도에 대한 믿음에 근거하지 않은 삶의 모든 것을 죄로 징계하고 지목하는 것이다. 이는 사람들이 자신과 자신이 처한 비참함을 깨닫고 겸손하여져 도움을 청하도록 하기 위함이다. 바울 역시 그렇게 하여 로마서 1장에서, 하나님의 은혜 없이 사는 과거와 현재의 이교도들의 죄와 같이 명백하고 커다란 죄들과 불신앙을 견책하기 시작한다. 그리고 그는 복음을 통하여 하나님의 진노가 모든 사람에게 그들의 불경건한 삶과 불의함 때문에 하늘로부터 계시될 것이라고 말한다. 왜냐하면 그들이 하나님의 계심을 날마다 알며 경험할지라도, 하나님의 은혜가 없이는 그들의 본성 그 자체로는 악하여 하나님께 감사하거나 하나님을 존경하지 않기 때문이다. 오히려 본성 자체는 눈이 멀어 끊임없이 더욱 악해짐으로 우상을 숭배하고 모든 악과 더불어 매

우 수치스러운 죄를 뻔뻔하게 지을 뿐만 아니라, 다른 사람들을 견책하지 않아 그들도 그런 죄들을 짓도록 내버려둔다.

2장. 위선과 자기 의

23. 2장에서 바울은 자신의 견책을, 외적으로 의로워 보이지만 은밀히 죄를 짓는 자들에게까지 확대시킨다. 유대인들과, 선한 삶에 대한 즐거움도 사랑도 없이 살며 하나님의 율법을 마음으로 미워하는 모든 위선자가 여기에 포함된다. 이러한 위선자들은 다른 사람을 판단하기를 즐겨 하는데, 이것은 마태복음 23장25-28절에서 말하는 것처럼 스스로 순전하다고 생각하지만 실상은 탐욕, 미움, 교만, 모든 부정으로 가득한 자들의 사고와 행동방식이다. 이들은 하나님의 선함을 무시하고 자신의 완고함으로 스스로 진노를 쌓는다. 그래서 율법의 참된 해석자인 바울은 누구도 죄 없다 하지 않고, 오히려 본성이나 자유의지로 바르게 살고자 하는 모든 자에게 하나님의 진노를 선포한다. 바울은 완고하고 뉘우칠 줄 모르는 그들을 명백한 죄인으로 간주한다.

3장. 모든 사람은 죄인이다

24. 3장에서 바울은 유대인과 이교도를 모두 동일하게 여긴다. 그 둘 사이에는 차이가 없으며 하나님 앞에서 모두 죄인이

다. 한 가지 차이가 있다면, 유대인들은 하나님의 말씀을 가지고 있다는 점이다. 비록 많은 사람이 그 말씀을 믿지 않았을지라도 하나님에 대한 믿음과 진리가 무가치하게 되는 것은 아니다. 바울은 여기서 시편 51편4절, 하나님은 말씀하실 때에 의로우시다는 구절을 인용한다. 그런 후에 바울은 다시 이 문제로 돌아와 성서를 통하여, 모든 사람이 죄인이고 율법의 행위로는 어느 누구도 의롭다함을 받지 못하며[의롭게 되지 못하며] 율법은 오직 죄를 깨닫게 하도록 주어졌다는 사실을 증명한다.

하나님 앞에서 의롭게 되고 구원받는 방법

25. 이제 바울은 의롭게 되고 구원을 받는 바른 방법을 가르친다. 그에 따르면 모든 인간은 죄인이며 하나님을 자랑하지 않는다. 인간은 자신의 공로를 통해서가 아니라 그리스도에 대한 믿음으로만 의롭다함을 받아야 하는데, 왜냐하면 그리스도께서는 보혈로 우리를 의롭다하시고 하나님에 의해 우리를 위한 은혜의 보좌가 되셨기 때문이다. 하나님은 오직 하나님의 의만이 우리를 도울 수 있다는 사실을 증명하기 위해 우리들 과거의 모든 죄를 용서하신다. 이 하나님의 의는 하나님께서 믿음 안에서 주신 것이요, 정해진 시기에 복음을 통해 계시되었고 율법과 선지자에 의해 미리 증언된 것이다. 그래서 율법은 비로소 믿음에 의해 세워지지만, 율법의

행위들과 그에 대한 자랑은 거부된다.

4장. 선행은 믿음의 외적인 표시이다

26. 1장-3장에서 죄를 드러내고 의에 이르는 믿음의 길에 관해 가르친 바울은 4장에서 몇몇 항의와 반대에 대응한다. 바울은 우선 행위가 아니라[행위 없이] 믿음에 의해 의롭게 된다는 사실에 대하여 "그렇다면 우리는 선행을 하지 말아야 하나요?"라고 묻는 사람이 제기하는 반대 견해를 다룬다. 바울은 아브라함을 예로 들며 "그때 아브라함은 선행으로 무엇을 성취하였습니까? 모든 것이 헛되었습니까? 그의 행위는 전혀 유익이 없었습니까?"라고 묻는다. 그리고 창세기 15장 6절에서 아브라함이 어떤 행위도 없이 오직 믿음으로 의롭다함을 받았고, 심지어 할례의 행위 이전에 오직 그의 믿음 때문에 성서에서 의로운 자로 칭찬받았다고 결론 내린다. 할례 행위가 하나님께서 명하신 것이고 순종의 선행이라 할지라도 의롭게 되는 것에 아무 기여도 하지 못한다면, 분명 다른 선행도 의롭게 되는 일에 어떤 기여도 하지 못할 것이다. 오히려 아브라함의 할례가 그가 이미 믿음으로 얻은 자신의 의를 보여주는 외적인 표시인 것처럼, 모든 선행은 단지 믿음으로부터 나오는 외적인 표시이다. 좋은 열매로서의 선행은 사람이 이미 내적으로 하나님 앞에서 의롭다는 사실을 증명한다.

믿음의 자녀가 아브라함의 자녀이며 상속자이다

27. 바울은 성서의 이러한 강력한 예증을 통해 앞서 3장에서 언급한 믿음에 관한 교리를 확증한다. 또한 그는 다른 증인으로 다윗을 인용한다. 다윗은 시편 32편1-2절에서 사람은 행위 없이 의롭게 되지만, 의롭게 된 이후 행위 없는 상태로 머무르지 않는다고 말한다. 바울은 이러한 예를 율법의 다른 모든 행위로 더 넓게 적용한 뒤에 다음과 같은 결론을 내린다. 유대인은 단지 혈통을 근거로 아브라함의 상속자가 될 수 없으며, 더군다나 율법의 행위로는 더더욱 그럴 수 없고, 오히려 그들이 참된 상속자가 되고자 한다면 아브라함의 믿음을 물려받아야 한다. 왜냐하면 율법 앞에서모세의 율법과 할례의 법 앞에서 아브라함은 믿음으로 의롭다함을 받았고 모든 믿는 자들의 조상으로 불리었기 때문이다. 더구나 율법은 은혜가 아니라 오히려 진노를 가져다준다. 왜냐하면 누구도 율법을 사랑과 기쁨으로 행하지 못하기 때문이다. 그래서 율법의 행위는 은혜가 아니라 분노를 부른다. 그러므로 믿음으로만 아브라함에게 약속된 그러한 은혜를 얻을 수 있다. 이러한 예들이 쓰인 것은 우리도 믿도록 하기 위함이다.

롬 15:4

5장. 믿음의 열매 – 행위로 의롭게 되고자 하는 자들은 믿음에 뒤따르는 바른 행위에 관해 알지 못한다

28. 5장에서 바울은 평화, 기쁨, 하나님 사랑과 이웃 사랑, 그리고 환난과 고난 가운데서 확신과 담대함, 용기와 소망과 같은 믿음의 열매와 믿음의 행위를 다룬다. 이 모든 것은 참된 믿음에 뒤따르는 결과들이다. 이것은 하나님께서 그리스도 안에서 우리에게 보여주신 풍성한 선하심 덕분이다. 즉, 우리가 아직 하나님의 원수이어서 하나님의 선하심을 간구할 수 없을 때, 하나님은 그리스도를 우리를 위하여 죽게 하셨다. 그래서 우리는 어떤 행위도 없이 믿음이 의롭게 한다는 것을 안다. 그렇다고 우리가 선행을 하지 말아야 한다는 것이 아니다. 오히려 참된 행위들은 부족함이 없게 될 것이다. 행위를 통해 의롭게 되고자 하는 자들은 이러한 참된 행위에 대하여 아무것도 알지 못한다. 그들은 스스로 행위들을 만들어내지만, 그 안에는 평안, 기쁨, 신뢰, 사랑, 소망, 담대함이 없을 뿐만 아니라 바른 유형의 그리스도인의 행위와 믿음도 찾아볼 수 없다.

아담이 우리에게 죄를 전해준 것처럼 그리스도는 우리에게 의를 전해주심

29. 그 다음으로 바울은 주제에서 벗어나 죄와 의, 죽음과 생명이 어디에서 오는지 말하고, 아담과 그리스도를 서로 비교

한다. 그는 여기서 첫째 아담이 옛 육적인 출생을 통하여 죄를 우리에게 전달한 것처럼, 둘째 아담이신 그리스도께서는 믿음 안에서 새로운 영적인 출생을 통하여 우리에게 자신의 의를 전하기 위해 오셔야만 했다는 사실을 말하고자 한다.

어느 사람도 스스로 죄에서 나오도록 도울 수 없다 - 율법은 죄를 증가시킨다.

30. 이러한 사실을 통하여, 어느 누구도 자기의 육신의 출생을 막을 수 없는 것처럼, 행위로 자신을 죄로부터 의에 이르도록 도울 수 없다는 사실이 선언되고 입증된다. 또한 바울은 다른 무엇보다도 사람이 의롭게 되는 것을 돕도록 주어진 하나님의 율법이, 사람이 의롭게 되도록 돕기는커녕 오히려 죄를 증가시켰다는 사실을 증명한다. 율법이 금하면 금할수록 우리의 악한 본성은 율법을 더욱더 미워하게 되며 더욱더 자신의 정욕을 만족시키고자 한다. 그래서 율법은 그리스도를 더욱 필요하게 하며 우리의 본성을 유일하게 돕는 은혜를 더 많이 요구하게 한다.

6장. 죄와의 매일의 싸움 - 믿음은 죄와 끊임없이 싸운다

31. 6장에서 바울은 믿음의 특별한 일, 즉 칭의 이후에 남아 있는 죄와 정욕의 완전한 근절을 위해 영이 육과 치르는 싸움을 다룬다. 그는 우리가 마치 더 이상 죄가 없는 듯 게으르

고 나태하고 안심하며 살도록 믿음에 의해 죄로부터 자유하게 된 것이 아니라고 가르친다. 죄는 여전히 존재한다. 그러나 죄와 싸우는 믿음으로 인해 정죄함이 없는 것이다. 그러므로 생애 내내 우리는 육신을 제어하고 육신의 정욕을 죽이며 육신의 모든 지체를 강요하여 정욕이 아니라 영에 순종하도록 해야 한다. 그렇게 하여 우리는 그리스도의 죽음과 부활을 닮게 되며, 또한 죄의 죽음과 은혜 안에서의 새로운 삶을 의미하는 세례에서 시작된 것을 완성해 나가게 된다. 결국 우리는 죄로부터 완전히 깨끗하게 되고 우리의 육신 역시 그리스도와 함께 일어나 영원히 살게 될 것이다.

32. 우리가 이 모든 것을 할 수 있는 것은, 율법 아래[율법 안]에 있지 않고 은혜 아래[은혜 안]에 있기 때문이라고 바울은 말한다. 그는 이것의 의미를 다음과 같이 설명한다. '율법이 없다'는 것은 '율법을 갖고 있지 않아서 원하는 대로 할 수 있다'는 말이 아니다. 그러나 '율법 아래에 있다'는 것은 은혜 없이 율법의 행위를 하는 것을 의미한다. 이때 분명 죄는 율법으로 말미암아 우리를 지배하는데, 이는 누구도 본성상 율법을 좋아하지 않기 때문이다. 이것은 매우 커다란 죄이다. 그러나 은혜는 우리가 율법을 사랑할 수 있게 만든다. 따라서 죄는 더 이상 존재하지 않으며, 율법 역시 우리와 대립하는 것이 아니라 우리와 하나가 된다.

죄와 율법으로부터의 그리스도인의 자유

33. 이것이 죄와 율법으로부터의 참된 자유이다. 바울은 이것에 관하여 6장 마지막까지 쓰고 있다. 그는 즐거움으로 선을 행하고 율법의 강요 없이 바르게 사는 것만이 자유라고 말한다. 그러므로 이 자유는 영적인 자유이다. 이것은 율법을 폐기하는 것이 아니라, 율법이 요구하는 것, 즉 율법에 대한 즐거움과 사랑을 제공한다. 이것으로 율법은 잠잠해지며 더 이상 사람을 몰아세우거나 강요하지 않는다. 이것은 당신이 봉건영주에게 빚을 졌는데 이를 갚을 수 없는 상황과 같다. 빚에서 벗어나는 방법은 두 가지이다. 그가 당신으로부터 아무것도 받지 않겠다는 의미로 채무문서를 찢든지, 혹은 어떤 선한 사람이 당신을 위해 채무에 걸맞은 돈을 지불하는 것이다. 그리스도께서 우리를 율법으로부터 자유하게 하신 것은 후자의 방법이다. 그러므로 우리의 자유는 어떤 것도 행할 필요가 없는 방탕한 육적인 자유가 아니라, 율법의 요구와 의무로부터 자유하여 많은 것을 행하는 자유이다.

7장. 율법에 대해 죽은 자

34. 7장에서 바울은 이것을 결혼 생활의 비유를 통해 확증한다. 만일 한 남자가 죽으면 그의 아내 역시 혼자가 되며 이 둘은 서로로부터 완전히 자유로워진다. 이것은 아내가 다른 남편을 얻을 수 없거나 취해서는 안 된다는 것이 아니라, 오

히려 이제 그녀는 비로소 자유로이 다른 사람을 취할 수 있다는 의미이다. 이것은 그녀가 첫 번째 남편으로부터 자유롭게 되기 전에는 할 수 없는 일이었다. 그것처럼 우리의 양심도 죄의 옛사람 아래에서는 율법에 매여 있다. 그러나 옛사람이 성령에 의해 죽임을 당하면 양심은 자유하게 되며, 한 편은 다른 편으로부터 해방된다. 이것은 양심이 아무것도 행해서는 안 된다는 것이 아니라, 이제야 비로소 실제로 자유로이 그리스도, 즉 둘째 남편을 굳게 붙잡고 삶의 열매를 맺을 수 있다는 의미이다.

죄는 율법을 통하여 활동하며 강력해진다

35. 계속하여 바울은 죄와 율법에 관한 가르침을 통해, 죄가 율법에 의하여 어떻게 활동하고 강력하게 되는지 설명한다. 옛사람은 율법이 요구하는 것을 지불할 수 없기 때문에 더욱더 율법을 미워하게 된다. 죄는 옛사람의 본성이요, 옛사람은 죄 이외에는 다른 어떤 것도 스스로 행할 수 없다. 그러므로 율법이 그에게는 죽음이요 완전한 고통이다. 율법이 악하기 때문이 아니라, 옛사람의 악한 본성이 율법이 자신에게 요구하는 선한 것을 참을 수 없기 때문이다. 마치 병든 사람에게 달리고 뛰도록 하며 건강한 사람의 일을 하도록 요구할 때, 그가 그 요구를 감당할 수 없는 것과 마찬가지이다.

율법의 바른 임무

36. 그러므로 바울은 율법을 정확히 이해하고 철저히 파악하게 된다면, 율법의 유일한 기능은 우리의 죄를 기억나게 하고 죄를 통하여 우리를 죽이며 우리로 영원한 진노를 면할 수 없게 하는 것이라고 결론짓는다. 양심이 율법과 바르게 대면할 때, 우리의 양심은 이 모든 것을 충분히 배우고 경험한다. 그러므로 사람이 의롭게 되고 구원받기 위해서 율법 이외의 다른 것, 율법 이상의 것이 필요하다. 그러나 율법을 정확하게 이해하지 못하는 자들은 눈먼 자와 같다. 그들은 추측 가운데 오만함으로 나아가며, 율법이 얼마나 많은 것, 즉 자유하고 자발적이고 즐거운 마음을 요구하는지를 알지 못하고 자신의 행위의 수단으로 율법을 만족시킬 수 있다고 생각한다. 그러므로 그들은 모세를 정확하게 보지 못한다. 수건이 그들의 얼굴을 덮고 있기 때문이다. 출 34:29-35; 고후 3:12-16

신자 안에 있는 갈등

37. 다음으로 바울은 영과 육이 한 사람 안에서 서로 어떻게 싸우는지를 보여준다. 그는 자신을 예로 들어 우리 안에 있는 죄를 죽이는 일을 적절하게 이해하는 법을 가르친다. 그는 영과 육 모두를 '율법'이라고 부른다. 왜냐하면 사람을 재촉하고 사람에게 요구하는 것이 하나님 율법의 방식인 것처

럼, 육 역시 영에 대적하여 사람을 재촉하고 요구하며 자기 마음대로 하려고 하기 때문이다. 반면, 영은 육에 반대하여 사람을 격려하고 요구하고 자기의 뜻을 성취하려고 하기 때문이다. 이러한 긴장은 우리가 사는 동안 우리 안에 지속된다. 영이나 육 가운데 어떤 것이 더 강한가에 따라, 이 긴장은 한 사람 안에서는 더 강하게, 다른 사람에게서는 더 약하게 나타난다. 그런데도 전인全人 자체는 육과 영 전체인 바, 전인은 완전히 영적으로 될 때까지 자신과 싸운다.

8장. 육과 영의 본질 – 육과 죄는 십자가를 통하여 죽는다

38. 8장에서 바울은 이 싸움을 하는 자들에게 육이 그들을 정죄하지 못한다는 말로 위로한다. 그는 계속하여 육과 영의 본질이 무엇인지, 어떻게 성령이 그리스도로부터 오는지 보여준다. 그리스도께서 우리에게 주신 거룩한 영, 곧 성령이 우리를 영적으로 만들며 육을 억제한다. 그리고 우리가 영을 따르고 죄를 죽이기 위해 저항하는 한, 죄가 우리 안에서 아무리 거칠게 날뛴다고 하더라도 성령은 우리가 여전히 하나님의 자녀임을 확신시킨다. 십자가와 고난만큼 육을 죽이는데 좋은 것이 없기 때문에, 바울은 사랑의 성령과 모든 피조물의 도움을 통해, 고난 가운데 있는 우리를 위로한다. 즉, 성령은 우리 안에서 탄식하고 피조물은 우리가 육과 죄에서 벗어날 수 있기를 우리와 더불어 갈망한다는 것이다. 우리

는 로마서 6장–8장이 옛 아담을 죽이고 육을 제어하는 믿음의 유일한 일을 다루고 있음을 알 수 있다.

9–11장. 예정 혹은 선택

39. 9장, 10장, 11장에서 바울은 믿는 자와 믿지 않는 자, 죄로부터 자유하게 되는 자와 그렇지 않은 자를 결정하는 근원인 하나님의 영원한 예정을 가르친다. 이 가르침은 우리의 구원이 전적으로 우리의 손으로부터 취해져 오직 하나님의 손에 놓이도록 하기 위한 것이다. 이것이야말로 전적으로 필요한 가르침이다. 왜냐하면 우리는 연약하고 불확실하여, 만일 구원이 우리에게 달려있다면 단 한 사람도 구원받지 못할 것이기 때문이다. 악마는 분명 우리 모두를 압도할 것이다. 그러나 하나님은 신뢰할만하여 그의 예정은 실패할 수 없고 어느 사람도 그를 제지할 수 없기 때문에, 우리는 죄에 직면해서도 여전히 소망을 갖는다.

40. 그러나 이 문제에서 우리는 먼저 자신의 이성을 동원하여 무엇보다도 하나님의 예정의 끝없는 심연을 찾으며 자신들이 예정되었는지를 헛되이 걱정하기 시작하는 사악하고 거만한 자들을 경계해야 한다. 그들은 절망을 통해서 혹은 위험을 무릅씀으로 파멸에 뛰어들게 된다.

예정에 관하여 어떻게 가르쳐야 하는가

41. 그러나 당신은 이 서신의 순서를 따르는 것이 좋다. 당신이 당신의 죄와 그리스도의 은혜를 깨달을 수 있도록 우선 그리스도와 복음에 마음을 두라! 그런 후에 로마서 1장, 2장, 3장, 4장, 5장, 6장, 7장, 8장이 가르친 것처럼 당신의 죄와 싸우라! 그런 후에 당신이 8장에 도달해 십자가와 고난 아래 있다면, 9장, 10장, 11장에 있는 예정이 얼마나 위로를 주는지를 정확하게 배우게 될 것이다. 왜냐하면 고난과 십자가와 죽음의 곤경을 겪지 않고는, 누구도 해를 입지 않은 채 하나님에 대한 은밀한 노여움 없이 예정을 다룰 수 없기 때문이다. 그러므로 옛 아담은 이러한 것을 감내하며 독한 포도주를 마시기 전에 먼저 참으로 죽어야 한다. 그러므로 당신은 아직 젖먹이인 동안에는 포도주를 마시지 않도록 주의하라! 모든 가르침에는 한계와 때와 나이가 있다.

12장. 하나님께서 기뻐하시는 예배

42. 12장에서 바울은 참된 예배가 무엇인지 가르치고, 모든 그리스도인을 제사장으로 선포하며 그들에게 율법에 쓰여 있는 것처럼 돈이나 가축을 드리는 것이 아니라, 정욕을 죽임으로 자신의 몸을 드리도록 요구한다. 그리고나서 바울은 영적인 정부 아래에서의 그리스도인의 외적 행동을 기술한다. 즉, 그들이 어떻게 가르치고 설교하고 다스리고 섬기고

내어주고 인내하고 사랑하며 살아야 하는지, 그리고 친구와 적과 모든 이들에 대하여 어떻게 행해야 하는지 말한다. 이것들이 그리스도인이 행하는 일이다. 왜냐하면 이미 말한 것처럼 믿음은 쉬지 않기 때문이다.

13장. 정부와 모든 사람에 대한 그리스도인의 의무

43. 13장에서 바울은 세상 정부에 대한 존중과 순종을 가르친다. 비록 세상 정부가 하나님 앞에서 사람을 의롭게 하지 않는다고 할지라도, 적어도 다음의 것만은 수행하도록 제정된 것이다. 즉, 경건한[선한] 사람들이 외적 평화와 보호를 누리고, 악한 사람이 두려움 없이 또는 태연하고 손쉽게 악을 행할 수 없도록 하는 것이다. 그러므로 경건한 사람은 스스로는 세상 정부를 필요로 하지 않을지라도 그것을 존중해야 한다. 마지막으로, 바울은 이 모든 것을 사랑으로 요약하며 그리스도의 모범에 포함시킨다. 그리스도께서 우리를 위해 하신 것처럼, 우리 역시 그의 발자취를 따라 행해야 한다.

14장. 약한 형제에 대한 우리의 의무

44. 14장에서 바울은 믿음이 약한 양심을 가진 자를 신중하게 인도하고 그에게 관용을 베풀 것을 가르친다. 그리스도인의 자유는 약한 자들에게 해를 가하지 않고, 오히려 그들을 돕기 위한 것이기 때문이다. 만일 그리스도인의 자유가 이렇

게 사용되지 않으면, 불화와 복음에 대한 경멸이 뒤따른다. 가장 중요한 것은 복음이다. 그래서 약한 자들이 믿음 안에서 더욱 강건해지기까지 그들에게 조금 양보하는 것이, 복음의 가르침이 완전히 실패로 끝나는 것보다 낫다. 이 일은 사랑의 특별한 행위이며 특히 오늘날 필요한 것이다. 왜냐하면 사람들은 고기를 먹는 것이나 다른 자유를 통하여, 아직 진리를 아는데 이르지 못한 약한 양심의 사람들을 경솔하고 냉혹하게, 그리고 불필요하게 혼란에 빠뜨리기 때문이다.

15장. 그리스도인의 사랑

45. 15장에서 바울은 그리스도를 우리의 모범으로 삼는다. 우리도 공공연한 죄나 좋지 못한 습관으로 그 밖의 것에서 실패하는 다른 약한 자들을 인내해야 한다. 우리는 그들을 포기하지 말고 그들이 더 나아질 때까지 참아야 한다. 왜냐하면 그리스도께서도 그렇게 우리에게 행하셨고 여전히 날마다 행하고 계시기 때문이다. 그는 우리의 많은 잘못과 악한 습관, 그리고 우리의 모든 불완전함을 참으시고 항상 우리를 도우신다. 끝으로, 바울은 그들을 위해서 기도하고, 그들을 칭찬하며 하나님께 맡긴다. 그는 자기 자신의 임무와 설교에 대하여 말하고, 예루살렘에 있는 가난한 자들을 위한 기부를 신중하게 요청한다. 그가 말하거나 다루는 모든

것은 순전한 사랑을 기초로 한다.

16장. 인사와 경고 – 인간의 교훈, 법령과 교령에 대한 경고

46. 마지막 장은 인사이다. 그러나 바울은, 복음의 가르침과
더불어 모르는 사이에 발생하고 해를 입히는 인간의 교훈들
에 대한 유익한 경고를 인사에 포함시킨다. 그는 우리를 미
혹하는 모욕적인 법규와 교령, 그리고 모든 종류의 인간의
법과 계율이 로마와 로마인들을 통해 나타나 전 세계를 잠
식하고, 성령과 믿음뿐만 아니라 이 서신과 성서 전체를 지
워 버릴 것을 분명히 예견했던 것 같다. 바울은 탐욕의 우상
^{빌 3:19; 롬 16:18} 외에는 어떤 것도 남아 있지 않다고 말하며 탐
욕의 종들을 꾸짖는다^{16:18}. 하나님, 우리를 그들로부터 구
원해주소서, 아멘.

요약 – 그리스인이 알아야 하는 것이 이 서신에 충분히 들어있다

47. 이 서신에서 우리는 그리스도인이 알아야 할 것, 즉 율법,
복음, 죄, 처벌, 은혜, 믿음, 의, 그리스도, 하나님, 선행, 사
랑, 소망, 그리고 십자가가 무엇인지 충분하게 깨닫게 된다.
또한 의로운 자나 죄인이나, 강하거나 약하거나, 친구이거
나 원수이거나 모든 사람에 대해 – 심지어 우리 자신에 대해
서도 – 우리가 어떻게 행동해야 하는지 알 수 있다. 더구나
이것은 성서에 의해 매우 훌륭하게 뒷받침되고 바울 자신과

예언자들의 모범에 의해 증명되어서, 더 이상 어떤 것을 바랄 필요가 없을 정도이다. 그러므로 바울은 이 하나의 서신에서 기독교적이고 복음적인 가르침 전체를 간단히 요약하고 구약 전체에 대한 서론을 준비하기를 원했던 것처럼 보인다. 왜냐하면 이 서신을 마음속에 잘 간직한 자는 의심할 여지 없이 구약의 빛과 능력을 갖추게 되기 때문이다. 그러므로 모든 그리스도인은 로마서에 정통하고 끊임없이 연구해야 한다. 이를 위해 은혜를 주소서. 아멘.

II

『그리스도인의 자유에 관한 논고』

종교개혁자 마틴 루터가 유럽 사회가 중세에서 근대로 넘어가는 과도기에 중요한 교량 역할을 했다는 점은 부인할 수 없는 사실이다. 독일과 유럽 사회의 발전을 위한 선구자 역할을 담당한 루터의 중심 사상 가운데 하나는 바로 자유, 정확히 말하면 '그리스도인의 자유'라는 주제이다. 루터 이전에 그 누구도 자유를 신학의 주제로 삼은 적이 없다. 물론 루터에게 중요한 것은 사회적 혹은 정치적 자유가 아니라 정신적−영적인 자유였지만, 이 개념은 사회와 정치 영역을 관통하며 사회 전반의 여러 영역에 영향을 끼쳤다. 몇 년 전 독일 개신교회EKD는 「2017년 종교개혁 500주년을 위한 진단과 전망」에서 종교개혁이 독일과 유럽의 종교, 문화, 사회, 교육 등 사회 각 분야에 끼친 영향력과 의의를 제시하였다. 여기서도 그리스도에 대한 믿음으로 의롭게 된 그리스도인의 존재를 '자유'로 규정하였다. 자유에 대한 루터의 언급은 그 당시에 유일한 것이었고, 자유는 루터의 중심적인 신학 주제였다.

그의 자유 사상이 매우 탁월하게 전개된 것은 1520년에 나온 세 종교개혁 작품 가운데 하나인 『그리스도인의 자유에 관한 논고』 *Tractatus de libertate christiana* 이하 『그리스도인의 자유』로 칭함에서이다. 물론 루터는 그 이전에 이미 자유라는 주제를 다루었는데, 1517년 말 즉 95개 논제를 작성하고 공포한 이후 그의 이름을 'Luder' 루터의 본래 성에서

'Luther'로 바꾼 사실이 그 예에 해당한다.26) 루터는 1517년 10월 31일 마인츠의 대주교 알브레히트Albrecht von Brandenburg에게 보내는 편지에 '거룩한 신학박사로 부름을 받은 어거스틴회 수도사 마틴 루터'Martinus Luther August[inianus] Doctor S. Theologie vocatus로 서명하였다.27) 또한 루터는 열정적인 인문주의자들의 방식에 따라 헬라어 'eleutherius', 즉 '자유한 자'를 때때로 사용하였고 이 이름으로 1519년 1월 말까지 서명하였다. 그 후에 그는 '루터'란 이름을 평생 사용하였다. 루터가 이러한 개명으로 의도한 것이 무엇인지는 오늘날까지 정확히 밝혀지지 않았으나, 1517년 후반기 면죄부를 신학적으로 비판하던 시기에 그리스도 및 그의 진리와 하나됨 속에서 자유를 확신했음은 분명하다.

...

루터의 『그리스도인의 자유』는 그의 많은 작품 가운데 가장 돋보이는 작품이다. 하나님 앞에 서 있는 인간과 사회적 관계 속에 있는 인간의 모습을, 적은 분량으로 그렇게 분명하고도 상세하게 서술한 작품이 없기 때문이다. 그래서 이 작품은 항상 루터의 작품에 대한 기본적인 서론으로, 그리고 루터 신학의 입문서로 사용되어왔다.

루터가 이 작품을 서술한 배경은 흥미롭다. 루터는 면죄부 판매를 비판하는 95개 논제로 로마교회의 권위에 도전하였다. 당시 판매책임자였던 마인츠의 대주교는 95개 논제를 로마에 전했고, 로마교회는 루터에 대한 소송절차를 밟기 시작하였다. 루터가

1518년 카예탄T. Cajetan의 심문을 받고 1519년 라이프치히 논쟁을 할 때 그의 입장을 번복하지 않을 것이라는 사실이 명백해지자, 로마 교황청은 우선적으로 1520년 6월 15일 파문위협 교서 「주여 일어나소서」Exsurge Domine로 루터를 위협하였다. 그러나 이러한 위협이 루터에게 통하지 않자 로마교회는 1521년 1월 3일에 루터를 파문하였다.

루터는 자신의 파문을 예기한 파문위협 교서와 그것이 현실이 된 파문 사이에서 『그리스도인의 자유』를 저술하였다. 이 작품의 저술 동기는 두 가지이다. 첫 번째는 전술적인 고려이다. 『그리스도인의 자유』는 작센의 귀족 밀티츠Karl von Miltitz가 루터의 일을 놓고 로마 교황청과 루터 진영 사이에서 중재하려는 시도와 관련된다. 밀티츠는 루터에게 자신의 근본적인 견해를 가능한 한 논쟁적이지 않게 작성하여 교황 레오 10세에게 보내도록 설득하였다. 두 번째는 복음의 본질에 대한 깨달음 때문이다. 루터는 파문의 위협과 파문의 현실 사이에서 과도한 긴장감을 느끼면서도 그 상황 속에서 자기 자신을 움직인 복음의 본질에 대해 집중적으로 서술해야 할 필요성을 느꼈다. 그는 교황 앞에서 학자들의 언어인 라틴어로 자신을 해명하고자 했을 뿐만 아니라, 복음에 대한 이해와 묵상 가운데 얻게 된 중심적인 통찰을 많은 독자에게 전달하고자 했다.

교황의 파문위협 교서가 10월 10일 비텐베르크에 도착한 지 이틀 후에, 루터는 밀티츠에게, 교황에게 보내기로 계획한 개인적인 서신에 작은 작품을 동봉하기로 약속하였다. 그것이 바로『그리스도인의 자유』이다. 이 작품은 독일어판WA 7,20-38과, 독일어판을 교정하고 확대한 라틴어판WA 7,49-73으로 쓰여졌다.28)

『그리스도인의 자유』의 중심 주제 가운데 하나는 칭의론이다. 이것은 루터가 비텐베르크 대학에서 교수로서 시편과 바울서신들을 강의하면서 줄곧 숙고해온 주제이다. 그 이후 루터가 죄와 의라는 주제를 처음으로 다룬 논고는 1518년 말에 나온『세 종류의 의에 관한 설교』와, 1519년 초에 나온『두 종류의 의에 관한 설교』이다. 루터는 1520년 초에『선행에 관하여』라는 작품에서 믿음에 의한 의라는 주제를 다시 다루었다. 십계명을 해석하는 이 작품에서 루터는 오직 믿음이 제1계명의 요구를 성취하고, 믿음만이 다른 모든 행위를 선하게 만드는 유일한 근원이라고 설명하였다. 그리고 같은 문제를 다른 형태로 다룬 작품이 바로 1520년 가을에 나온『그리스도인의 자유』이다.

...

루터는『그리스도인의 자유』에서 인간이 어떻게 자유하고 의롭게 되며, 그렇게 자유하게 된 인간이 어떻게 행위로 다른 사람을 섬길 수 있는지를 설명한다. 이 작품은 크게 두 부분으로 구성되어 있는데, 각 부분에 해당하는 두 명제를 작품 처음 부분에 제시한다.

그리스도인은 모든 것에 대해 완전히 자유로운 주인이며 누구에게도 종속되어 있지 않다. 그리스도인은 모든 자에 대해 완전히 섬기는 종이며 모든 사람에게 종속되어 있다.

그리스도인은 만물 위의 자유로운 주인인 동시에 만물을 섬기는 종이라는 모순된 명제는 그리스도인의 두 가지 본성에 의해 뒷받침된다. 즉, 그리스도인은 한편으로 영적인 본성 혹은 영혼으로 영적인, 새로운, 그리고 내적인 인간이고, 다른 한편으로 육적인 본성 혹은 육신으로 육적인 인간, 옛 인간, 그리고 외적인 인간이다.

루터는 우선 속사람^{내적인 인간}에 관해 다룬다. 그리스도인을 규정짓는 내적인 사람은 외적인 것과 외적인 행위에 전혀 의존하지 않으며, 오직 하나님의 말씀으로만 규정된다. 그런데 이 하나님의 말씀을 유익하고 효과적으로 사용할 수 있는 방법은 오직 믿음뿐이다. 하나님의 말씀은 오직 믿음을 통해서만 받아들여질 수 있고 존중될 수 있기 때문이다. 루터는 여기서 로마서 10장 10절을 인용하여 강조하며 믿음만이 의롭게 한다고 주장한다. 그런데 내적인 인간을 규정하는 하나님의 말씀은 율법과 약속의 두 형태로 되어 있다. 하나님의 약속이 믿음 안에서 받아들여질 때, 영혼은 이 약속과 하나가 된다. 루터는 이것을 '믿음의 능력'으로 보며 다음 세 가지로 설명하였다.

1) 믿음은 영혼을 말씀과 하나가 되게 한다.
2) 믿음은 하나님을 신뢰함으로 하나님을 인정하여 영혼이 하

나님으로부터 의롭다 함을 받게 한다.

3) 믿음은 마치 신랑과 신부처럼 영혼을 그리스도와 하나 되게 만든다. 이러한 하나됨 속에서 그리스도인은 그리스도의 두 직무와 특권_{왕의 직무와 제사장직무}을 갖게 된다.

다음으로 외적 인간은 내적인 인간을 통하여 규정되고 인도된다. 그리스도인이 오직 믿음으로 의롭게 되고 구원받음에도 불구하고 행위가 필요한 이유는 그리스도인이 이 세상에 머무는 동안 육신으로 존재하기 때문이다. 그리스도인은 이 땅 위에 사는 동안 육신을 지니고 있고 이웃과 관계를 갖는 행위를 빼놓고는 생각할 수 없다. 믿음을 통하여 선하고 의롭게 된 그리스도인은 기쁨과 사랑으로 값없이 자발적으로 자기 육신을 영혼의 의도에 복종시키고 이웃을 사랑하게 된다. 여기에서 그리스도인이 하는 행위의 목적과 판단 기준은 하나님을 기쁘시게 하는 것과, 다른 사람의 필요에 대한 고려, 단 두 가지뿐이다. 이때 그리스도인은 그리스도의 모범을 따라 이웃의 자리에 서고, 그 이웃이 구원에 이르기를 바랄 뿐이다. 인간에 대한 그리스도의 사랑과 똑같이 그리스도인은 다른 사람들을 섬기는 종, 소위 '제2의 그리스도'가 되어야 한다.

결국, 그리스도인은 믿음으로 자유로운 동시에 자발적인 사랑으로 이웃에 종속된다. 그리스도인의 자유에 대한 결론은 다음과 같다.

그리스도인은 자기 자신 안에서 살지 않고, 그리스도와 이웃 안에서 산다. 그렇지 않다면 그는 그리스도인이 아니다. 그는 믿음을 통해 그리스도 안에서 살고, 사랑을 통해 이웃 안에서 산다. 그리스도인은 믿음을 통해 자기 자신을 넘어 위로 올리어 하나님께 인도되며, 사랑을 통해 다시 자기 자신 아래로 내려가 이웃에게로 낮아진다. 그럼에도 불구하고 그는 항상 하나님과 하나님 사랑 안에 머문다.

여기서 발견할 수 있는 중요한 사실은 첫째, 그리스도인에게 믿음과 사랑은 분리될 수 없다는 점이다. 믿음과 사랑은 들숨과 날숨처럼 서로 함께 속해 있다. 루터에게 중요한 것은 믿음과 사랑에 부여된 권리, 특히 사랑이 할 수 있는 일과, 할 수 없는 일을 분명하게 분별하는 것이다. 이것을 정확히 구별하는 것은 믿음 안에서만 가능하다.

둘째, 그리스도인은 하나님 앞에서coram Deo 뿐만 아니라 세상 앞에서coram mundo, 그리고 사람들 앞에서coram hominibus 산다. 영혼은 하나님 앞에서 오직 믿음으로 의롭게 되고 구원받으며, 구원받은 영혼은 세상/사람들 앞에서 육신을 복종시키며 기쁨을 가지고 자발적으로 이웃을 사랑하는 선행을 한다. 물론, 그리스도인은 믿음과 사랑 안에 사는 존재이지만, 믿음으로 구원받고 그 열매로 사랑의 행위를 하는 것이다. 결국, 루터의 '오직 믿음'이라는 주장은 선행을 무시하거나 소홀히 하는 것이 아니라, 오히려 진정한 선행을 강조하는 것이다. 그런데 참된 선행은 강요되는 것이 아니라, 기쁨과 사랑 안에서 자발적으로 행해지는 것이므로 오직 믿음으로 가능하며 믿음에서 나오는 것이다. 루터의 '오직 믿음'에 대한 오해는 루터의 주장 안에 '사랑으로써 역사하는 믿음'fides efficax est per dilectionem 갈 5:6의 의미가 내포되어 있음을 알지 못하기 때문이다. 루터는 중세 가톨릭교회의 명제 '사랑으로 형성된 믿음'fides caritate formata 즉 구원에 있어서 믿음으로는 불충분하여 사랑을 통해 보완되어야 한다는 주장에 반대하며, 그리스도인은 오직 믿음으로 의롭게 되고 구원받아서 모든 것이 충만하기 때문에 이제 기쁨과 사랑을 가지고 자발적으로 이웃을 섬긴다고 주장한다. 빌 2:1-4 29) 구원받기 위해 믿음에 사랑이 추가적으로 필요한 것이 아니라, 믿음은 사랑을 통해 이웃에 대한 섬김으로 역사한다는 것이다. 루터에게 확고한 사실은 인간은 오직 믿음으로 구원받으며, 행위는 그 믿음의 열매라는 점이다. 선행은 믿음에 더해져야 하고 요구되어야 하는 것이 아니라, 오히려 믿음으로부터 흘러나오는 것이다. 여전히 행위 없이 믿음만이 구원을 이루는지 묻는 사람이 있다면, 그는 믿음이 무엇인지 아직 모르는 것이다. 30) 루터가 『로마서 서문』에서 말한 것처럼 믿음은 인간 안에서 역사하시는 하나님의 행위이자 능력이다. 따라서 믿음이 끊임없이 선행과 사랑을 하지 않는다는 것은 불가능하다.

마지막으로, 믿음만으로는 불충분하여 선행으로 보충되어야 한다고 아직도 주장하는 자가 있다면, 그는 루터가 이솝우화를 통해 들려주고자 하는 메시지를 귀담아들어야 한다. "한 마리의 개가 고기 한 조각을 입에 물고 하천을 건넜다. 개는 물에 비친 자신의 모습에 속아 그것을 덥석 물려고 입을 열었고, 실제 입에 있는 고기 조각뿐만 아니라 물에 비친 모습도 동시에 잃었다." 믿음과 믿음이 주는 모든 것을 놓치지 않도록 주의해야 한다.

이 작품이 갖는 의미와 성공은 1520년에서 1525년 사이에 출판된 인쇄 수량으로 추정이 가능하다. 짧은 이 기간에 20개의 독일어판과 8개의 라틴어판이 출판될 정도였다.

『그리스도인의 자유』는 그리스도인이 가진 믿음의 본질을 자유로 표현한 핵심적인 작품임에도 불구하고, 때때로 자유에 대한 루터의 사상을 부분적으로 오해하거나 왜곡하여 해석함으로 종교개혁을 다른 방향으로 전개하도록 하였다. 세상적인 지배질서로부터의 자유를 요구하고 나서거나, 루터의 겉사람과 속사람의 차이를 통일적으로 이해하지 못하여 영적인 차원에만 몰입하는 현상들이 바로 그 예이다.

마지막으로, 루터의 걸작으로 여겨지는 이 작품은 그가 교황 레오 10세에게 보내는 공개서한에서 쓴 것처럼 '그리스도인 삶의 요약'이라고 평가할 만하다. 『그리스도인의 자유』야말로 루터연구를 위한 출발점으로 가장 적절한 작품인 동시에, 루터 신학의 입문을 위해 반드시 읽어야 할 작품이다.31)

참고 및 추천도서

WA 7,49-73

R. Rieger. *Von der Freiheit eines Christenmenschen. De libertate christiana.*
Tübingen: Mohr Siebeck, 2007.

J. Schilling ed. *Martin Luther. Lateinisch-Deutsche Studienausgabe. Vol. 2*:
Christusglaube und Rechtfertigung. Leipzig: Evangelische Verlagsanstalt,
2006, 121-185.

H. Beintker ed. *Martin Luther. Die reformatorischen Grundschriften. Vol. 4*:
Die Freiheit eines Christen. dtv, 1983.

T. J. Wengert. "The Freedom of a Christian." *The Annotated Luther. Vol. 1*:
The Roots of Reform. Minneapolis: Fortress Press, 2015, 467-538.

이선희 역. 『그리스도인의 자유에 관한 논고』. 대전: 복음, 2006.

한인철 역. 『그리스도인의 자유』. 서울: 도서출판 경건, 1996.

Dietrich Korsch ed. *Martin Luther. Von der Freiheit eines Christenmenschen.*
Leipzig: Evangelische Verlagsanstalt, 2016.

E. Jüngel. *Zur Freiheit eines Chrsitenmenschen. Eine Erinnerung an Luthers
Schrift.* München: Chr. Kaiser, 1978.

권진호. "루터, 참된 믿음을 말하다" (2017.10.24. 종교개혁 500주년 기념
포럼).

권진호. "그리스도인의 자유에 관하여." 「목회와 신학」. 2017. 9, 120-128.

김선영. 『믿음과 사랑의 신학자 마르틴 루터』. 서울: 대한기독교서회,
2014.

루터 작품

I. 서론

믿음이란 무엇인가? 믿음에 대한 오해

0. 많은 사람이 그리스도인의 믿음[기독교의 믿음]을 사소한 것으로 여기고, 또한 적지 않은 사람들이 이 믿음을 덕목이나 덕목과 관련된 행동방식으로 본다. 그들이 이렇게 하는 단 한 가지 이유는 믿음에 관하여 조금이라도 경험해보지 못했거나 믿음의 능력이 얼마나 큰지 한 번도 맛본 적이 없기 때문이다. 괴로운 영적인 시련 가운데에서 역사하시는 성령[믿음의 영]을 한 번도 맛본 적이 없는 사람은 믿음에 관하여 올바르게 서술하거나 믿음에 관하여 잘 서술된 것을 바르게 이해할 수 없다.

그러나 믿음[믿음의 능력]을 조금이라도 맛본[경험한] 사람은 믿음에 관해 아무리 많이 쓰고 말하고 생각하고 듣는다고 해도 그리스도인의 믿음의 능력에 비한다면 부족할 수밖에 없다. 왜냐하면 그리스도께서 요한복음 4장 14절에서 말씀하신 것처럼 믿음은 영생하도록 솟아나는 살아 있는 샘물이기 때문이다.

　내 믿음의 부요함을 자랑하기를 원치 않으며 내 지식이 빈약하다는 것[영적인 빈곤]을 알고 있을지라도, 나는 크고 많은 시련 가운데서 어느 정도 믿음을 갖게 되었다고 생각한다. 그리고 지금까지 믿음을 주제로 논의했으면서도 자신의 말조차 이해하지 못한 매우 억지스러운 문자주의자들[스콜라 신학자들]보다 세련되지는 못해도, 나는 이들보다 더 철저하게 믿음에 관해 말할 수 있으리라고 기대해 본다.

그리스도인의 자유와 종의 역설

1. 이제 배우지 못한 자들, 즉 내가 유일하게 섬기는 자들이 더 쉽게 이해할 수 있도록 영의 자유와 섬김[종됨]에 관한 두 명제를 미리 말하고자 한다.

　그리스도인은 모든 것에 대해 완전히 자유한 주인이며 누구에게도 종속되어 있지 않다.
　그리스도인은 모든 사람에 대해 완전히 섬기는 종이며 모든 사람에게 종속되어 있다.

　이 명제들은 모순되는 것처럼 보인다. 하지만 서로 조화된다는 사실이 드러나기만 하면, 이 명제들은 우리의 의도에 잘 부합된다. 이 두 명제는 바울에게서 온 것이다. 그는 고린도전서 9장 19절에서 "나는 자유롭지만 나 자신을 모든 사람의 종으로 만들었다"라고 말한다. 로마서 13장 8절에서는 "너희는 서로 사랑하는 것 외에는 누구에게도 빚을 지지 말라"라고 말한다. 사랑은 본질상 기꺼이 섬기고자 하며 사랑하는 자의 뜻에 복종한다. 그리스도 역시 그렇게 하셨다. 비록 그는 만물의 주이셨지만 여인에게서 나셨고 율법에 복종하셨다.갈 4:4 그래서 그는 자유자인 동시에 종이고, 하나님의 형체인 동시에 종의 형체를 가지셨다.빌 2:6-7

신학적 인간론 – 인간의 두 본질

2. 이 두 명제를 근본적이고 효과적으로 이해하기 위해 기초적인 것부터 시작해 보자. 인간은 두 가지 본질, 즉 영적 본질과 육체적 본질로 이루어져 있다. 사람들이 영혼이라고 부르는 영적 본질에 따라 인간은 영적인 인간, 내적인 인간, 새로운 인간으로 불리며, 사람들이 육이라고 부르는 육체적 본질에 따라 인간은 육적인 인간, 외적인 인간, 옛 인간으로 불린다. 이에 대하여 바울 사도는 고린도후서 4장 16절에서 "우리의 겉사람은 낡아지나 우리의 속사람은 날로 새로워지도다"라고 말한다. 이러한 구분으로 인해 성경은 인간에 관해 역설적 진술을 하고 있다. 왜냐하면 육이 영에 대항하고 영이 육에 대항하는 한갈 5:17, 인간의 두 본질은 동일한 한 인간 안에서 서로 싸우기 때문이다.

II. 내적 인간속사람: 하나님 앞에서의 인간 믿음과 자유

1. 하나님의 말씀과 믿음

내적 인간은 육신적인 것으로부터 독립되어 있다

3. 우선, 인간이 어떻게 의롭게, 자유하게 되는지, 또 참된 그리스도인, 즉 영적인, 내적인, 새로운 인간이 되는지를 보기 위하여, 내적 인간을 다루고자 한다. 확실한 것은 외적인 것이그것이 어떤 이름으로 불리든 의와 자유를 얻게 하는데 또는 의를 잃어버리고 종이 되게 하는데 어떤 영향도 끼칠 수 없다는 사실이다. 이 사실은 다음의 증거로 충분하게 설명될 수 있다. 육신이 건강하고 자유롭고 활기차며 자신이 원하는 대로 먹고 마시고 생활한다고 해서 이것이 영혼에 무슨 유익이 될 수 있는가? 죄를 일삼는 매우 불경건한 종들조차도 그러한 것들에 있어 번성할 수 있다. 반대로, 병이나 감금이나 굶주림이나 기갈 혹은 그 외의 어떠한 외적인 손상이 영혼에 무슨 해를 끼치는가? 매우 경건한 자들과 깨끗한 양심으로 매우 자유한 자들조차도 그런 일로 고통을 당하곤 한다. 이러한 일들은 영혼이 자유하거나 노예 상태가 되는 것에 어떤 영향도 주지 않는다.

내적인 인간은 외적인 행동으로부터 독립되어 있다

4. 그러므로 육신이 성자들의 관례를 따라 거룩한 옷으로 치장하고 거룩한 장소를 거닐고 거룩한 의무를 행하고 기도하고 금식하며 특정한 음식을 멀리하고, 육신을 통해, 그리고 육신 안에서 행할 수 있는 선행을 한다고 해도, 그것은 영혼에 아무런 유익도 없다.

영혼이 의롭게 되고 자유하게 되기 위해서는 완전히 다른 것이 필요하다. 왜냐하면 앞에서 말한 것들은 모든 불경건한 자들 역시 행할 수 있으며, 이러한 행위들로부터는 단지 위선자만이 생겨나기 때문이다.

반면, 육신이 단지 세속적인 옷을 입고 세속적인 장소를 거닐고 함께 먹고 마시고 큰 소리로 기도하지 않고, 앞에서 말한 모든 것, 즉 위선자들도 행할 수 있는 일들을 행하지 않는다고 해도, 그것은 영혼에 아무런 해가 되지 않는다. 심지어 사변思辨과 묵상과 그 외의 영혼의 노력을 통해 성취될 수 있는 어떤 것도 우리에게 유익하지 않기에, 이것 모두 거절되어야 한다.32)

내적 인간은 하나님의 말씀에 의해 규정된다

5. 그리스도인의 생명과 의와 자유를 위해 필요한 것은 단 하나뿐이다. 그것은 바로 하나님의 가장 거룩한 말씀, 즉 그리스도의 복음이다. 이에 대해 요한복음 11장 25절은 "나는 부

활이요 생명이니 나를 믿는 자는 영원히 죽지 않을 것이다",
그리고 8장 36절은 "아들이 너희를 자유롭게 하면 너희가 참
으로 자유하게 될 것이다"라고 말한다. 그리고 마태복음 4
장 4절은 다음과 같이 말한다. "사람이 떡으로만 사는 것이
아니요 하나님의 입에서 나오는 모든 말씀을 먹고 사는 것이
다." 그러므로 우리가 확실하고 확고한 사실로 여겨야만 하
는 것은, 하나님 말씀을 제외한 다른 모든 것이 없을지라도
영혼은 아무런 문제가 없다는 점이다. 하나님의 말씀이 없
이는 어떤 것으로도 영혼에 도움이 될 수 없다. 하지만 영혼
이 말씀을 갖게 되면, 영혼은 부유하고 다른 어떤 것도 필요
하지 않게 된다. 왜냐하면 하나님의 말씀은 상상할 수 없을
정도로 생명, 진리, 빛, 평화, 의, 구원, 기쁨, 자유, 지혜,
힘, 은혜, 영광, 그리고 모든 선한 것의 말씀이기 때문이다.
이것이 선지자 다윗이 시편 119편 전체와 다른 많은 구절에
서 많은 탄식과 큰 음성으로 하나님 말씀을 열망하고 부른
이유이다.

반면에, 아모스 8장 11절에서 말하는 것처럼, 하나님께
서 우리에게 그분의 말씀을 듣지 못하는 기근을 임하게 하시
는 것보다 더 가혹한 진노의 재앙은 없다. 마찬가지로 하나
님께서 말씀을 보내주시는 것보다 더 큰 은혜는 없는데 시편
107편 20절에서 말하는 것과 같다. "하나님께서 그의 말씀
을 보내사 그들을 건강하게 하시고 그들을 구하심으로 망하

지 않도록 하셨다." 그리스도 역시 다른 임무가 아니라 오직 말씀의 임무를 위해 보내심을 받았다. 사도, 주교, 모든 사제의 직분도 오직 말씀의 봉사를 위해 부르심을 받고 임명된 것이다.

하나님의 말씀과 그 사용방법: 믿음, 죄 인식, 그리스도에 의한 구속함의 필요성에 대한 통찰

6. 이제 당신은 다음과 같이 질문할 것이다. "하나님의 말씀이 그렇게 많은데, 도대체 이 말씀이란 무엇이고, 이 말씀을 어떤 방식으로 사용해야 하는가?" 이에 대해 나는 답한다. 사도는 로마서 1장1-6절에서 이것을 설명하는데, 하나님의 말씀은 바로 그의 아들에 관한 하나님의 복음이다. 이 아들은 사람이 되시고 고난을 겪으시고 부활하시고 거룩하게 하시는 성령을 통하여 영화롭게 되셨다. 그리스도를 설교한다는 것은그 선포된 설교를 믿는다면 설교를 듣는 사람의 영혼을 살찌우고 의롭게 하며 자유롭게 하고 구원한다[건강하게 한다]는 의미이다. 왜냐하면 믿음만이 하나님의 말씀을 유익하고 효과적으로 사용하는 것이기 때문이다. 로마서 10장 9절은 "네가 너의 입으로 예수께서 주님이시라고 고백하며 하나님께서 그분을 죽은 자들 가운데서 부활시키셨다는 것을 네 마음에 믿으면, 너는 구원을 받을 것이라", 로마서 10장 4절은 "그리스도께서는 믿는 자에게는 율법의 마침이 되신다",

그리고 로마서 1장 17절은 "의로운 자는 그의 믿음으로부터 산다"라고 말한다. 왜냐하면 하나님의 말씀은 어떤 행위에 의해서가 아니라, 오직 믿음을 통해 받아들여지고 존중되기 때문이다. 그러므로 명백한 사실은 영혼이 생명과 의에 도달하기 위해서는 오직 말씀만을 필요로 한다는 것이다. 그래서 영혼은 행위에 의해서가 아니라 오직 믿음을 통해서 의롭게 된다. 만일 영혼이 다른 어떤 것으로 의롭게 될 수 있다면, 그것은 말씀을 필요로 하지 않을 것이며 따라서 믿음도 필요하지 않을 것이다.

이 믿음은 행위와 함께 공존할 수 없다. 다시 말해, 만일 당신이 잘못 생각하여 행위를 통해 의롭게 되고자 한다면, 이것은 양다리를 걸치고 바알을 섬기며^{왕상 18:21} 자신의 손에 입을 맞추는 것[자신을 섬기는 것]과 같다. 이것이야말로 욥이 말하듯이^{31:27-28 33)} 최고의 불의이다. 그러므로 당신이 믿기 시작할 때, 당신 안에 있는 모든 것이 저주받을 만하고 죄책과 죄라는 사실을 동시에 배우게 된다. 이것은 "모든 사람이 죄를 범하였으매 하나님의 영광에 이르지 못하더니"라는 로마서 3장 23절의 말씀과 상응한다. 그리고 "의인은 없나니 하나도 없으며 깨닫는 자도 없고 하나님을 찾는 자도 없고 다 치우쳐 함께 무익하게 되고 선을 행하는 자는 없나니 하나도 없다"라는 로마서 3장 10절 이하의 말씀과도 일치한다. 만일 당신이 이 사실을 깨닫는다면, 그리스도를 믿음으로 말미암아 지금과는 다른 사람이 되도록 하기 위해 당신을 위해 고난받고, 당신을 위해 부활하신 그리스도께서 당신에게 필요함을 알게 될 것이다. 왜냐하면 당신은 믿음을 통하여 당신의 모든 죄가 제거되고, 낯선 공로, 즉 오직 그리스도의 공로를 통해서 의롭게 되기 때문이다.

믿음에 대한 추론들

7. 로마서 10장 10절 "마음으로 믿어 의에 이른다"라는 말씀처럼 믿음만이 오직 내적 인간 안에서 다스리며 그를 의롭게 하기 때문에, 내적 인간은 결코 외적인 행위나 외적인 활동을 통하여 의롭게 되거나 자유하게 되거나 구원받을 수 없다. 모든 종류의 행위는 이것에 어떤 기여도 할 수 없다는 점이 분명하다. 반면, 내적 인간은 불경건과 마음의 불신앙에 의해서만 죄인이 되며 저주받아 마땅한 죄의 노예가 되는 것이지, 외적인 죄나 행위를 통해 그렇게 되는 것이 아니다. 그러므로 모든 그리스도인이 가져야 할 첫 번째 관심사는 행위에 관한 잘못된 생각을 버린 후에, 베드로가 베드로전서 5장 10절에서 가르치는 것처럼[34] 오직 믿음만을 점점 더 강하게 하고, 그 믿음을 통하여, 행위에 대한 지식이 아니라 우리를 위하여 고난받으시고 부활하신 예수 그리스도에 대한 지식이 자라나도록 하는 것이어야 한다.[35] 왜냐하면 믿음 외에 다른 어떤 행위도 그리스도인을 만들지 못하기 때문이다. 요

한복음 6장 28절에서 유대인들이 하나님의 일을 성취하기 위해 무엇을 해야 할지를 물었을 때, 그리스도께서는 그들을 가득 채우고 있는 여러 가지 일을 물리치시며 단 한 가지만을 지시하셨다. "너희가 하나님께서 보내신 이를 믿는 것이 하나님의 일이다. 왜냐하면 아버지께서 그를 인치셨기 때문이다." 요 6:29, 27b

그러므로 그리스도에 대한 바른 믿음은 모든 구원[보편적인 구원]을 동반하며 모든 악으로부터 보호해 주는 비교할 수 없는 보물이다. 이것은 주님께서 마가복음 16장 16절에서 "믿고 세례를 받은 자는 구원을 받을 것이라"고 말씀하시는 것과 같다. 이 보물에 대해 이사야는 10장 22절에서 예언하였다. "하나님께서 짧으면서도 성취하는 말씀을 땅에 보내실 것이다. 그리고 그 짧은 성취의 말씀은 의를 강물같이 흐르게 할 것이다."36) 이 말씀으로 이사야가 말하고자 했던 것은 이것이다. "믿음은 율법을 간단하면서도 온전하게 성취하는 것으로, 믿는 자들을 많은 의로 충만하게 하여, 믿는 자들은 의를 얻기 위해 더 이상 다른 것을 필요로 하지 않게 될 것이다." 그런 의미로 바울도 로마서 10장 10절에서 "사람이 마음으로 믿어 의롭게 된다"고 말한다.

2. '오직 믿음'의 근거

1) 하나님 말씀의 두 형태: 계명과 약속

율법계명

8. 이제 당신은 "성경에는 그렇게 많은 행위와 의식儀式과 율법이 우리에게 지시되어 있는데, 어떻게 오직 믿음만이 우리를 의롭게 하고 행위 없이 그렇게 많은 좋은 보화를 가져다 줄 수 있는 것인가?" 물을 것이다. 내 답변은 무엇보다도 앞서 말한 것, 즉 행위 없이 오직 믿음만이 의롭게 하고 자유하게 하고 구원한다는 사실을 기억하라는 것이다. 이 사실에 대해 아래에서 자세하게 설명할 것이다. 우선 분명히 해야 할 사실은 하나님의 성서 전체는 계명과 약속 두 부분으로 나뉜다는 점이다. 계명은 선한 것을 가르치지만, 가르쳐진 것이 즉시로 이루어지지는 않는다. 그것은 우리가 해야 하는 것이 무엇인지를 보여줄 뿐, 그것을 할 수 있는 능력을 주지는 않기 때문이다. 계명은 오히려 인간이 계명을 통해서 자기 자신을 바르게 인식하도록 정해진 것이다. 다시 말해, 인간이 계명을 통해 선에 대한 무능을 깨닫고 자신의 능력에 대해 절망하도록 하기 위한 것이다. 이런 이유로 계명은 '옛 계약'[구약]이며 또한 그렇게 불린다. 예를 들어, "너는 탐내지 말라" 출 20:17라고 규정된 계명을 통해 우리는 모두 죄인이라는 사실이 입증된다. 아무리 탐내지 않으려고 노력할지라도 탐내지 않을 수 있는 사람은 아무도 없기 때문이다. 그가

탐심을 갖지 않고 계명을 성취하기 위해서는, 반드시 자기 자신에 대해 절망하며 다른 곳에서 다른 사람으로부터 도움을 찾아야만 한다. 호세아 13장 9절에 "오 이스라엘아, 너에게서는 부패한 것만이 나올 뿐이다. 오직 나만이 너를 도울 수 있다"라고 말하는 것처럼, 그는 자기 자신에게서 도움을 발견할 수 없다. 이 한 계명에 해당되는 것은 다른 모든 계명에도 적용된다. 다른 모든 계명 역시 동일하게 우리가 성취할 수 없는 것이기 때문이다.

약속

9. 그러나 인간이 계명을 통해 자신의 무능력을 알게 되고 자신의 어떤 노력으로 율법을 성취할 수 있을까 하는 걱정 속에 빠지게 되면 – 일점일획도 제하지 않는 방식으로 율법을 성취해야만 하며마 5:18 그렇게 하지 않을 때 그는 어떤 소망도 없이 저주를 받게 될 것이기에 – 그는 진정으로 겸손해지고, 자기 자신의 눈으로 볼 때 무가치한 자가 되고, 자기 자신 안에 의롭게 하고 구원받도록 할 만한 것이 전혀 없음을 발견하게 된다. 여기서 이제 성경의 다른 부분인 하나님의 약속이 돕는다. 하나님의 약속은 하나님의 영광을 선포하며 다음과 같이 말한다. "네가 율법을 성취하고 율법이 요구하는 대로 탐내지 않고자 한다면, 그리스도를 믿어라. 그리스도 안에는 은혜, 의, 평화, 자유, 그리고 모든 것이 당신에게 약

속되어 있다. 당신이 믿으면 이 모든 것을 갖게 되지만, 믿지 않으면 당신은 그것을 갖지 못할 것이다." 많이 있지만 아무 유익이 없는 율법의 행위를 통해서 당신이 이룰 수 없는 것을, 믿음을 통하여 간결하고 짧은 방법으로 성취할 수 있다. 아버지 하나님께서 모든 것을 믿음 안에 두셔서 이 믿음을 가진 자는 이 모든 것을 갖도록 하시고, 이 믿음을 소유하지 않는 자는 아무것도 갖지 못하도록 하셨기 때문이다. "하나님은 모든 사람에게 긍휼을 베푸시려고 모든 사람을 불순종 [불신앙] 가운데에 가두어두셨다." 롬 11:32 그래서 하나님의 약속은 계명이 요구하는 것을 선물로 주고 율법이 명령하는 것을 성취하여서,37) 계명과 그 성취 모두 오직 하나님께서 하시는 일이 되도록 하셨다. 하나님만이 홀로 스스로 명령 하시고, 또한 하나님만이 홀로 성취하신다.38) 그러므로 하나님의 약속은 새로운 언약에 속한다. 그것이 말 그대로 '신약'인 것이다.

2) 믿음의 능력: 하나님의 약속이 영혼에 끼치는 결과

하나님의 말씀과 영혼이 하나되어 영혼이 그 말씀의 능력에 참여

10. 이러한 하나님의 약속은 거룩하고 참되고 의롭고 자유하고 평화롭고 모든 선으로 가득한 말씀이기 때문에, 이 약속에 확고한 믿음을 갖고 매달리는 영혼은 이 약속과 하나가 되며 심지어 약속과 완전히 동화된다. 그래서 영혼은 약속

에 참여할 뿐만 아니라 약속의 모든 능력으로 채워지고 적셔지게 된다. 그리스도께서 만져주시기만 해도 건강하게 되는데, 하물며 영 안에서 지극히 부드럽게 만져주시는 것, 심지어 말씀 안에서 동화되는 것이라면, 말씀이 가진 모든 것을 영혼에게 풍성히 나누어 주지 않겠는가! 따라서 이러한 방식으로 영혼은 행위 없이 오직 믿음으로 하나님의 말씀에 의해 의롭고 거룩하고 참되고 화평하고 자유하게 되며, 모든 선한 것으로 가득 채워진다. 그리고 영혼은 실제로 하나님의 자녀가 되는데, "그는 자기 이름을 믿는 자들에게 하나님의 자녀가 되는 권세를 주셨다"라고 요한복음 1장 12절에서 말씀하는 바와 같다.

이러한 사실로부터 우리는 믿음이 그렇게 많은 일을 할 수 있는 이유와, 어떤 선행이나 최고의 행위라 해도 이 믿음에 필적할 수 없는 이유를 쉽게 이해할 수 있다. 그것은 바로 어떤 행위도 하나님 말씀에 매달릴 수 없고 또한 영혼 안에 거할 수 없고, 오직 믿음과 말씀만이 영혼 안에서 지배하기 때문이다. 영혼은 말씀을 닮게 된다. 불 속에 타고 있는 쇠가 불과 하나됨으로 불처럼 달아오르는 것처럼 말이다. 따라서 그리스도인은 모든 일에 있어 믿음으로 충분하며, 의롭게 되기 위하여 어떤 행위도 필요하지 않다는 점이 분명해진다. 그에게 행위가 필요하지 않다면 율법 역시 필요하지 않다. 그에게 율법이 필요하지 않다면, 그는 분명 율법에서 자유하다. "의인을 위해 율법이 주어진 것이 아니다" ^{딤전} 1:9라는 말씀은 옳다. 이것이 그리스도인의 자유이며 우리의 믿음이다. 이 믿음은 우리가 게으르고 악한 삶을 살도록 하는 것이 아니라, 우리의 의와 구원을 위해 율법이나 행위를 불필요한 것으로 만든다.

하나님 신뢰와 하나님의 인정하심: 참된 예배

11. 이상에서 말한 것이 믿음의 첫 번째 능력이다. 이제 다른 내용을 살펴보자. 믿음이 갖는 임무는 믿는 대상을 매우 경건하고 존경하는 마음으로 숭배하며 믿음의 대상이 되시는 분을 참되고 존귀한 존재로 여기는 것이다. 왜냐하면 우리가 믿고 신뢰하는 그분을 진실과 의라는 명성으로 존경하는 것에 비교할만한 다른 존경은 없기 때문이다. 우리가 누군가를 진실, 의, 절대적인 선이라고 존경하는 것보다 더 큰 존경이 있을 수 있겠는가? 반대로, 누군가에 대해 거짓과 불의에 관한 소문을 퍼뜨리거나 그를 의심하는 것은 그에게 최고의 수치이다. 이것은 우리가 그를 믿지 않고 신뢰하지 않을 때 행하는 일이다.

    이처럼 영혼도 약속하시는 하나님을 확고하게 믿을 때, 그분을 참되고 의로운 분으로 여기는 것이 된다. 영혼은 이보다 더 큰 존경을 하나님께 보여드릴 수 없다. 하나님을 진실하고 의로운 분으로 인정하고 사람이 믿음의 대상이 되시는 분께 마땅히 돌려드려야 하는 모든 것을 돌려드리는 것이야말로 최고의 예배이다. 여기에서 영혼은 하나님의 모든 뜻을 따를 준비를 하게 되고, 하나님의 이름을 거룩하게 하고 하나님께서 기뻐하시는 대로 모든 일이 이루어지도록 한다. 왜냐하면 영혼은 하나님의 약속에 매달리기 때문에, 하나님께서 참되시고 의로우시고 지혜로우시다는 사실과 하나님께서 모든 것을 최상으로 만드시고 계획하시고 돌보신다는 사실을 의심하지 않기 때문이다. 그러한 영혼이 자신의 이러한 믿음을 통하여 만사에 있어서 하나님께 온전하게 순종하지 않겠는가? 그러한 순종이 완전히 성취하지 못할 계명이 남아 있겠는가? 이러한 온전한 순종보다 더 완전한 성취가 있겠는가? 이 온전한 순종을 이루는 것은 행위가 아니라 오직 믿음이다.

다른 한편, 하나님께는 그분의 약속과 확언들을 믿지 않는 것보다 더 심각한 반항과 무시와 수치가 있을 수 없다. 이것은 하나님을 거짓말쟁이로 만들거나 하나님께서 참되신 분임을 의심하는 것과 같기 때문이다. 이것은 곧 자기 자신은 진실하지만, 하나님께서는 거짓말하고 망상에 빠진 존재라는 것을 의미한다. 이것으로 당신은 하나님을 부인하고 당신 마음속에서 당신 자신을 우상으로 세우는 것이 아닌가? 이렇게 하나님을 경멸하는 가운데 행해진 행위가 아무리 천사의 행위이고 사도의 행위인들 무슨 유익이 있겠는가? 그래서 하나님께서는 마땅하게도 모든 것을 진노나 탐욕 아래에 놓아두지 않으시고 불신앙[불순종] 아래에 놓아두셨는데룸 11:32, 이는 누구도 정결하고 온화한 율법 행위들, 즉 세속적이며 단지 인간적인 덕목을 통해 하나님의 계명을 성취할 수 있다고 잘못 생각하지 않도록 하며, 누구도 이것을 통해 구원받을 것이라는 기대를 갖지 않도록 하기 위한 것이다. 왜냐하면 인간은 하나님에 대한 불신앙의 죄에 사로잡혀 있어서 오직 하나님의 자비만을 간구하든지, 아니면 의에 따라 정죄를 받을 수밖에 없기 때문이다.

그러나 하나님께서는 우리가 하나님의 진실하심을 신뢰하고 마음의 믿음을 통하여 하나님을 마땅한 큰 영광으로 존경하는 것을 보시자마자, 그분 스스로 다시금 우리를 영예롭게 하시고 진실함과 의를 우리에게 부여하신다. 믿음은 하나님의 것을 하나님께 돌림으로 우리를 참되고 의롭게 한다. 따라서 하나님께서는 우리의 믿음에 대한 보답으로 우리의 의로움에 영광을 허락하신다. 하나님께서 진실하시고 의로우시다는 것은 참되고 바른 사실이다. 그러므로 이 사실을 하나님 앞에서 인정하고 고백하는 것은 참되고 의로운 일이다. 사무엘상 2장 30절은 "나를 존귀하게 여기는 자를 내가 존귀하게 여기리라. 그러나 나를 멸시하는 자를 내가 경멸하리라"라고 말한다. 바울도 로마서 4장 3절에서 아브라함에 대해 "그의 믿음이 의로 여김을 받았다"라고 말하는

데, 이는 아브라함이 믿음을 통하여 하나님께 온전히 영광을 돌렸기 때문이다. 우리도 믿기만 하면 동일한 이유로 의롭다고 간주될 것임에 틀림없다.

영혼과 그리스도의 하나됨, 즐거운 교환과 기독론적 근거

12. 믿음이 주는 비교할 수 없이 좋은 은혜[유익]는 결혼을 통해 신부와 신랑이 결합하듯이 영혼을 그리스도와 결합시킨다는 것이다.[39] 사도가 가르치는 것처럼, 이 성례[비밀]를 통하여 그리스도와 우리의 영혼은 한 몸이 된다. 그들이 한 몸이 되고 그들 사이에 참된 결혼, 더구나 다른 어떤 결혼보다 완전한 결혼이 이루어진다면 인간의 결혼은 이와 같은 유일무이한 결혼의 희미한 '복사[그림자]'일 뿐이다 다음과 같은 결과가 이루어진다. 좋은 것이든 나쁜 것이든 그들에게 속한 모든 것은 공동의 소유가 되어, 믿는 영혼은 그리스도께서 가지신 모든 것을 자신의 것으로 향유하며 자랑할 수 있게 된다. 그리고 그리스도께서는 영혼이 가지고 있는 모든 것을 자신의 것으로 삼으신다. 우리가 이것들을 비교해보면 헤아릴 수 없을 만큼 귀한 것을 발견하게 된다. 그리스도께서는 은혜와 생명과 구원으로 가득하시며, 영혼은 죄와 죽음과 저주로 가득하다. 이제 믿음이 그 둘 사이를 중재하면 죄와 죽음과 지옥은 그리스도께 속하게 되고, 반면 은혜와 생명과 구원은 영혼의 것이 된다. 왜냐하면 그리스도께서 신랑이시라면 신부가 가진 것

을 취하는 동시에 자신의 것은 신부에게 나누어 주셔야 하기 때문이다. 만일 그분이 신부에게 자신의 몸과 자신을 선사하셨다면, 자신이 갖고 있는 모든 것을 그녀에게 어찌 선사하시지 않겠는가? 또한 신부의 몸을 취하신 분이 어찌 신부의 모든 것을 취하시지 않겠는가?

여기에 매우 사랑스러운 장면이 나타난다. 즉 하나됨의 장면이자 또한 구원케 하는 싸움40)과 승리와 구원과 구속의 장면이다. 그리스도께서는 죄짓지 않았을 뿐만 아니라 죽지도 않고 저주받지도 않는 인격 안에서 하나님인 동시에 인간이기 때문에, 이 인격은 전혀 죄짓거나 죽거나 정죄 받을 수 없다. 오히려 그리스도의 의와 생명과 구원은 누구에 의해 정복당할 수 없으며 영원하고 전능하다. 그리스도의 인격은 믿음이라는 결혼반지를 통하여 신부의 죄와 죽음과 지옥에 참여하시고 심지어 이러한 것들을 자신의 것으로 삼으시며, 마치 이것들이 자신의 것인 양, 그리고 그 자신이 마치 죄를 지은 것처럼 행하셨다. 그분은 이 모든 것을 극복하시고 죄와 죽음과 지옥이 그분을 삼킬 수 없도록 하기 위해 고난받으시고 죽으시고 지옥에 내려가셨던 것이다. 그러므로 이것들[죄, 죽음, 지옥]은 놀랄만한 싸움 속에서 그리스도께 삼켜질 수밖에 없다. 왜냐하면 그분의 의는 모든 죄보다 강하고, 그분의 생명은 모든 죽음보다 강력하며, 그분의 구원은 지옥 전체보다 정복하기 힘들기 때문이다. 그래서 믿는 영혼은 그의 신랑이신 그리스도에 대한 믿음의 보증을 통하여 모든 죄로부터 자유하게 되고, 죽음 앞에서 안전하며, 지옥으로부터 보호받게 되는데, 이는 그의 신랑되신 그리스도의 영원한 의와 생명과 구원이 선물로 주어졌기 때문이다. 그래서 그리스도께서는 생명의 말씀 안에서 신부를 씻기심으로, 다시 말해 생명의 말씀, 의, 구원에 대한 믿음을 통해 정결하게 하여 신부로 하여금 영광스럽게 흠과 주름살 없이 신랑 앞으로 나오게 하신다.41) 그래서 그분은 호세아 2장 19-20절에서 말하듯이, 믿음과 자비와 연민 그리고 의와 공정함 가운데서 신부와 약혼하신다.

누가 이러한 왕 같은 결혼식을 충분히 헤아릴 수 있겠는가? 누가 그 결혼식의 영광과 은혜의 부요함을 이해하겠는가? 부유하고 사랑이 풍성하신 신랑 그리스도께서 불쌍하고 무시당하는 사악한 창녀를 신부로 삼으시고, 그녀를 모든 악으로부터 구속하시며 모든 좋은 것으로 그녀를 치장해 주신다. 이제 그녀의 죄가 그녀를 타락시키는 것은 불가능하다. 왜냐하면 그녀의 죄는 그리스도께 놓여있고 그리스도께 삼켜졌기 때문이다. 그녀 자신은 신랑이신 그리스도 안에서 자신의 것으로 찬양할 수 있는 의를 가지고 있다. 그리고 그녀는 자신의 모든 죄와 죽음과 지옥에 맞서 이 의를 신뢰하며 내놓을 수 있고 다음과 같이 말할 수 있다. "내가 죄를 지었을지라도, 내가 믿는 나의 그리스도께서는 죄를 짓지 않으셨고, 그분의 모든 소유물은 내 것이고 내 소유물은 그분의 것이다." 이것은 아가서 2장 16절에서 "나의 사랑하는 자는 나의 것이요 나는 그의 것이다"라고 말하는 것과 같다. 이에 대해 바울도 고린도전서 15장에서 말하고 있다. "우리의 주 예수 그리스도를 통해 우리에게 이김을 주시는 하나님께 감사한다."고전 15:57 이 이김은 바울이 그 구절 앞에서 "사망이 쏘는 것은 죄요 죄의 권능은 율법이니라"고전 15:56라고 말하는 것처럼 바로 죄와 죽음에 대한 승리이다.

믿음을 통한 제1계명 성취, 이를 통한 모든 계명의 성취

13. 이러한 사실로부터 당신은 무슨 근거로 믿음에 커다란 중요성이 부여되는지를 다시 한번 깨닫게 된다. 즉, 믿음만이 율법을 성취하며 어떠한 행위 없이 우리를 의롭게 하는 것이다. 그래서 당신은 "너는 오직 하나님을 경외하라"출 20:12라고 말하는 첫 번째 계명이 오직 믿음으로 성취된다는 사실을 알게 된다. 당신이 아무리 머리부터 발끝까지 오직 선행으로 가득차 있다 할지라도, 하나님을 존경하지 않고 첫 계명을 성취하지 못한다면 당신은 의롭지 못하다. 왜냐하면 하나님을 존경할 수 없는 사람은, 하나님께 마땅히 돌려드려야 할 "진실하시고 지극히 자비로우시다"는 영예를 돌려드리지 못하기 때문이다. 그런데 하나님께 영예를 돌려드리는 일은 행위가 아니라 오직 마음의 믿음이 하는 것이다. 우

리는 행위가 아니라 믿음을 통해서 하나님께 영광을 돌리고 하나님을 진실한 분으로 고백하기 때문이다. 이런 의미에서 믿음만이 그리스도인의 의이며 모든 계명의 성취이다. 첫째 계명을 성취하는 사람은 다른 모든 계명도 쉽게 성취한다. 그러나 행위는 생명이 없는 것이기 때문에 하나님을 찬양하거나 존경할 수 없다. 물론 믿음이 있는 경우, 행위는 하나님을 존귀하게 높이기 위해 사용될 수 있다. 그러나 지금 우리는 무엇이 행해지며 그 행위들이 어떤 특징을 갖고 있는가를 묻는 것이 아니라, 행위를 하는 자, 하나님께 영예를 드리고 행위를 하는 주체에 관해 묻는 것이다. 그 주체는 우리의 모든 의의 핵심이며 본질인 마음의 믿음이다. 모든 행위 이전에 계명들이 믿음을 통해42) 성취되어야 하고, 행위는 성취를 뒤따라 나온다. 따라서 행위를 통해 계명들을 성취하도록 가르치는 것은 눈멀고 위험한 가르침이다. 행위는 성취를 뒤따른다는 사실에 대해서는 다음에 보게 될 것이다.

3. 그리스도와 그리스도인의 직무와 자유

왕과 제사장인 그리스도

14. 우리의 내적인 인간이 그리스도 안에서 갖는 은혜를 더 자세히 관찰하기 위하여, 우리는 하나님께서 옛 언약 가운데 처음 난 모든 수컷을 거룩하게 하셨다는 사실을 알아야 한

다. 장자[처음 난 것]는 다른 것들보다도 제사장 직분과 왕의 직분이라는 이중적인 영예를 통하여 특별히 귀한 존재로 여겨졌다.[43] 맏형은 다른 모든 형제의 제사장이고 주인이었다. 이와 같은 비유를 통해 그리스도가 이미 지시되었는데, 그리스도께서는 참되고 유일한 방식으로 하나님 아버지와 동정녀 마리아의 처음 나신 자이며 참으로 왕이시며 제사장이시다. 물론 이것은 육과 세상과 관련하여 그런 것이 아니다.

왜냐하면 그분의 나라는 이 세상의 것이 아니기 때문이다.요 18:36 그분은 의, 진리, 지혜, 평화, 구원 등과 같은 하늘에 속하고 영적인 것들을 다스리며 거룩하게 하신다. 이것은 땅과 지옥의 모든 것이 그분에게 굴복되어 있지 않다는 것이 아니라그렇지 않다면 그분이 어떻게 이것들로부터 우리를 보호하고 구원할 수 있겠는가? 그분의 왕국은 이 세상 안에 존재하거나 이 세상의 것으로 구성되어 있지 않다는 사실을 의미한다.

그리고 그의 제사장직 역시 아론의 인간적인 제사장직과 오늘날 우리 교회의 제사장직처럼 의복이나 거동의 외적인 화려함에 있지 않고, 영적인 능력에 달려 있다. 그리스도께서는 이 영적인 능력을 통하여 하늘에서 눈에 보이지 않는 직무로 하나님 앞에서 우리를 변호하시고롬 8:34, 거기서 자신을 희생제물로 드리시며 제사장이 해야만 하는 모든 일을 행하신다. 그에 대해 바울은 히브리서6-7장에서 멜기세덱의 모습을 빌어 묘사하였다. 그는 우리를 위해 기도하고 우리를 변호할 뿐만 아니라, 그의 영의 생생한 가르침을 통해 영 안에서 우리를 내적으로 가르치신다. 이것이 제사장의 두 가지 본질적인 임무이다. 이것은 육적인 제사장들의 기도와 설교에 비유되고, 실제로 그들의 임무에서 이것을 볼 수 있다.

왕으로서의 그리스도인

15. 그리스도께서 장자권으로 이러한 두 가지 직분을 가지고 계신 것처럼, 그는 이 직분을 그리스도를 믿는 모든 자에게 부여하고 앞서 언급한 결혼의 법에 따라 믿는 모든 자와 이 직분을 공유하신다. 이 결혼법에 따르면, 신랑의 모든 재산은 신부에게도 속하게 된다. 그러므로 그리스도를 믿는 우리는 모두 그리스도 안에서 제사장이요 왕이다. 이것은 베드로전서 2장 9절에서 말씀하는 것과 같다. "너희는 택하신 족속이요 그의 소유된 백성이요 왕 같은 제사장들이요 제사장 같은 왕들이다. 이는 너희를 어두움 가운데서 불러내어 그의 기이한 빛에 들어가게 하신 자의 아름다운 덕을 이야기하게 하려 함이다."

이 두 가지 직분의 내용은 다음과 같다. 우선, 왕의 직분에 관하여 말해보자. 모든 그리스도인은 믿음을 통하여 만물 위로 높여져 영적인 능력을 통해 만물의 주가 된다. 따라서 어떤 것도 그에게 해를 끼칠 수 없고, 오히려 모든 것이 그에게 굴복되어 있으며 또한 그의 구원을 위해 섬길 수밖에 없다. 그래서 바울은 로마서 8장28절에서 "그 뜻대로 부르심을 입은 자들에게는 모든 것이 합력하여 선을 이룬다"고 말했고, 또한 고린도전서 3장 21-23절에서 "생명이나 사망이나 지금 것이나 장래 것이나 다 너희의 것이요 너희는 그리스도의 것이다"라고 말한다.

그러나 그리스도인이 만물 위에 세워진 것은, 육체적인 힘으로[이 세상의 힘에 따라] 만물을 소유하고 사용할 수 있도록 하기 위한 것이 아니다. 그런데 이와 같은 망상에 사로잡혀 있는 교회 직분자들이 곳곳에 있다. 사실 세상적으로 만물을 소유하고 사용하는 권세는 이 땅 위에서의 왕과 제후, 그리고 권력을 가진 인간들의 것인데, 왜냐하면 우리는 모든 외적인 것에 예속되어 있고 많은 고난을 당하고 결국 죽는다는 것을 매일의 경험에서 보기 때문이다. 심지어 처음 난 자의 머리이신 그리스도 자신골 1:8과 그의 거룩한 모든 형제에게서 보는 것처럼, 우리는 진정한 그리스도인이 되어갈수록 더 많은 악과 고난과 죽음을 경험하게 된다.

그리스도인의 권세는 오히려 영적인 것이다. 이 권세는 적들 가운데서 다스리며[승리하며] 궁핍한 중에 강력하다. 이것이 의미하는 바는 다름이 아니라 "내 능력이 약함 안에서 온전하여진다"고후 12:9는 것과, 십자가와 죽음이 나를 섬기며 나의 구원을 위해 돕지 않을 수 없을 정도로 나는 모든 것에서 구원을 위한 유익을 얻을 수 있다는 것이다. 이것이 야말로 높고도 탁월한 직분이요 참되고 강력한 권세이며, 믿기만 하면 내가 선을 이루는 데 도움을 주지 못할 만큼 그렇게 선한 것도 나쁜 것도 있을 수 없는 영적인 통치인 것이다. 믿음만이 구원에 충분하기 때문에, 내게 필요한 것은 믿음이 그[적들과 궁핍함] 가운데서 자유의 능력과 권세를 행사하는 것이다. 보라, 이것이 그리스도인의 측량할 수 없는 권세요 자유이다.

제사장으로서의 그리스도인

16. 우리는 지극히 자유로운 왕일 뿐만 아니라 또한 영원한 제사장이다. 시 110:4 참조 이 직분은 본질적으로 왕의 직분보다 더 가치가 있다. 우리는 제사장 직분을 통하여 하나님 앞에 나아갈 수 있고, 다른 이들을 위해 기도할 수 있고, 하나님의 것을 서로 가르쳐 줄 수 있기 때문이다. 이것은 믿지 않는 자에게는 전혀 맡겨질 수 없는 제사장직무이다. 우리가 그리스도를 믿기만 하면, 그리스도께서는 우리가 그와 동등한 형제, 상속자, 통치자이듯이 또한 그와 동등한 제사장이 되도록 일하신다. 그래서 우리는 믿음의 영 안에서 신뢰 가운데 감히 하나님 앞에 나아갈 수 있고, '아바 아버지'롬 8:15라고 부르짖고 서로 중보 기도할 수 있으며, 가시적이고 육체

적인 제사장직을 통해 수행되고 표현되는 모든 것을 할 수 있게 된다. 그러나 믿지 않는 자에게는 어떤 것도 유익하지 않으며 선을 이루는데 도움이 되지 않는다. 오히려 그는 만물의 노예가 되고, 모든 일은 그에게 나쁜 일이 된다. 왜냐하면 그는 모든 것을 하나님의 영광을 위해서가 아니라 자기의 유익을 위해 부당하고 악하게 사용하기 때문이다. 따라서 그는 제사장이 아니라 세상사람이다. 따라서 그의 기도는 죄가 되고 하나님 앞에 결코 상달되지 못한다. "하나님은 죄인을 듣지 않으시기 때문" 요 9:31이다. 누가 그리스도인의 직분이 갖는 위대함을 이해할 수 있을까? 그 직분은 왕의 권세를 통해 죽음과 생명과 죄 등 모든 것을 지배한다. 또한 그것은 제사장의 영광을 통해서 하나님에게서 모든 것을 할 수 있다. 하나님은 저들이 기도하고 원하는 것을 행하시기 때문이다. "저는 자기를 경외하는 자의 소원을 이루시며 저희 기도를 들으시고 그들을 구원하시리라" 시 145:19-20라고 쓰여 있는 것처럼 말이다. 그리스도인의 직분이 이러한 영광에 이르는 것은 분명 행위를 통해서가 아니라 오직 믿음을 통해서이다.

이러한 사실로부터 어떻게 그리스도인이 모든 것으로부터, 그리고 모든 것에 대해 자유하게 되는지 누구나 분명하게 이해할 수 있다. 따라서 그리스도인이 의롭게 되고 구원받기 위해서는 행위를 필요로 하지 않으며, 오히려 오직 믿음이 그에게 이 모든 것을 충만하게 선사해준다는 점이 분명해진다. 만일 그가 어떤 선한 행위를 통하여 의롭게 되고 자유하게 되고 구원을 받고 그리스도인이 되려고 감히 생각할 정도로 어리석다면, 그는 즉시로 믿음과 모든 좋은 것들을 잃게 될 것이다. 이러한 어리석음은 다음 우화[이솝우화]에 매우 잘 묘사되어 있다.

"한 마리의 개가 고기 한 조각을 입에 물고 하천을 건넜다. 개는 물에 비친 자신의 모습에 속아, 그것을 덥석 물려고 입을 열었다. 결국, 개는 실제 입에 있는 고기 조각뿐만 아니라 물에 비친 모습도 동시에 잃었다."

로마 가톨릭 제사장직에 대한 비판

17. 여기서 당신은 "교회에 속한 모든 사람이 제사장이라면, 우리가 지금 제사장이라고 부르는 자들과 평신도의 차이는 무엇인가?"라고 질문할 것이다. 나의 대답은 다음과 같다. 우리가 제사장, 사제, 성직자, 설교자라는 호칭을 오늘날 '성직자'라고 잘못 일컬어지는 소수의 사람들에게 사용한다면 이 호칭들을 잘못 사용한 것이다. 왜냐하면 성서는 현재 교황, 주교, 지배자[성직자]로 칭송되는 자들을, 그리스도에 대한 믿음과 신자들의 자유를 가르치기 위하여 그 밖의 사람들을 말씀의 봉사로 섬겨야 하는 봉사자, 종, 집사로 묘사하고 있는 경우를 제외하고는 그들 사이에 어떤 구별도 하

고 있지 않기 때문이다. 우리 모두가 동일하게 사제라는 사실이 참되다고 할지라도, 우리는 모두 공적으로 섬기고 가르칠 수 없으며, 또한 만약 그렇게 할 수 있다고 해도 우리가 모두 공적으로 섬기고 가르쳐서는 안된다. 그래서 바울은 고린도전서 4장 1절에서 "사람이 마땅히 우리를 그리스도의 일꾼이요 하나님의 비밀을 맡은 자로 여길지어다"라고 말한다.

그러나 오늘날 이러한 청지기직은 이교도의 통치나 세상의 어떤 권력과도 비교될 수 없을 정도로 화려한 권력과 끔찍한 폭군의 한 유형이 되어버렸다. 평신도들은 마치 그리스도인이 아닌 것처럼 보일 정도이다. 이러한 역전 상황 가운데, 기독교의 은혜와 믿음과 자유, 그리고 그리스도 전체에 대한 지식은 철저히 몰락되었다. 그 대신 인간적인 행위와 율법에 갇혀버린 참을 수 없는 노예 상태가 자리를 차지하고 있다. 그리고 우리는 예레미야애가의 말씀처럼[44] 우리의 비참함을 그들 자의대로 모든 악한 일과 치욕스런 일들에 악용하는 지상에서 가장 비열한 인간들의 노예가 되었다.

결론: 바른 설교 방법

18. 우리가 시작했던 부분으로 되돌아가 보자. 지금까지 말한 내용으로 명백해진 사실은, 오늘날 최고의 설교가들의 설교처럼 그리스도의 행위와 삶과 말씀을 순전히 역사적인 것으

로, 또한 삶의 모습을 위한 모범으로 배워야 하는 특정한 행위인 것으로 설교한다면, 이것은 불충분할 뿐만 아니라 비기독교적인 것이라는 점이다. 또한 그리스도의 행위와 삶과 말씀에 대해 우리가 완전히 침묵하고 그 대신 인간의 율법과 교부들의 교리를 가르친다면, 그것은 훨씬 더 좋지 않은 것이 될 것이다. 또한 그리스도에 대해서 연민을 갖도록 하고 유대인에 대해서는 분노하도록 사람의 감정을 자극하고 그와 유사한 유치하고 어리석은 감정을 갖도록 하는 의도를 가지고 그리스도를 설교하고 그리스도의 가르침을 전하는 자들 역시 적지 않다.

그러나 그리스도를 설교하는 목적은, 설교를 통해 그리스도에 대한 믿음이 불러일으켜지고 자라나도록 하기 위함이다. 이 믿음의 내용은 그리스도께서 단지 '그리스도'일 뿐만 아니라 '당신과 나를 위한 그리스도'가 되시고, 그분에 대해 말해지는 것과 그분의 이름이 말하고 있는 것을 우리 안에서 일으키신다는 것이다. 그런데 이러한 믿음은 그리스도께서 오신 이유와 그분이 무엇을 가져오시고 주셨는지, 어떤 사용과 유익을 위해 그분을 영접해야 하는지에 대한 설교를 통해 생겨나고 유지된다. 이러한 일은 우리가 그리스도로부터 갖는 그리스도인의 자유가 바르게 가르쳐지는 곳에서 일어날 뿐만 아니라, 또한 내가 지금까지 말한 것처럼 우리 그리스도인들이 모두 왕이고 제사장이고 만물의 주이며, 우리가

행한 모든 일은 하나님 마음에 들고 하나님께 열납된다는
사실을 신뢰하는 근거인 그리스도인의 자유가 바르게 가르
쳐지는 곳에서 이루어진다.

이것을 듣는 사람이라면 그의 마음이 그의 내면에 이르기
까지 기뻐하고, 커다란 위로를 받음으로 그리스도를 진정으
로 사랑하지 않겠는가? 누구도 이 사랑에는 율법이나 행위
로는 결코 이를 수 없다. 또한 누가 그 마음에 해를 끼치거
나 마음을 두렵게 할 수 있겠는가? 혹시라도 죄의식이나 죽
음에 대한 두려움이 마음에 엄습하게 되면, 마음은 이미 주
님께 소망을 둘 준비가 되어 있고, 이러한 좋지 않은 것을 들
어도 두려워하지 않으며, 자신의 적들을 경멸하게 되기까지
결코 놀라거나 흔들리지 않는다. 참조. 시 52:9 앞에서 말한 것
처럼, 그 마음은 그리스도의 의가 그 자신의 것이고, 그 자
신의 죄가 더 이상 자신의 것이 아니라 그리스도의 것임을
믿는다. 그리스도의 의를 바라봄으로 모든 죄는 삼켜지는
데, 위에서 말한 것처럼 이것은 그리스도에 대한 믿음의 필
연적인 결과이다. 그리고 그 마음은 사도 바울과 더불어 죽
음과 죄를 조롱하며 말하게 된다. "사망아 너의 승리가 어디
있느냐? 사망아 네가 쏘는 것이 어디 있느냐? 사망이 쏘는
것은 죄요 죄의 권능은 율법이라. 우리 주 예수 그리스도로
말미암아 우리에게 승리를 주시는 하나님께 감사하노니." 고
전 15:55-57 왜냐하면 죽음은 그리스도의 승리에 의해서 뿐만

아니라 우리 자신의 승리에 의해서도 삼켜졌기 때문이다. 이는 그리스도의 승리가 믿음을 통해 우리의 승리가 되고, 믿음을 통해 우리도 승리할 것이기 때문이다.

지금까지 내적 인간과 그의 자유, 그리고 그의 토대가 되는 믿음의 의에 대하여 말하였다. 이 믿음의 의는 율법이나 행위를 필요로 하지 않는다. 율법이나 행위를 통하여 의롭다함을 얻는 줄로 착각한다면, 이것은 오히려 믿음의 의에 해로운 것이다.

III. 외적 인간겉사람: 세상 앞에서의 인간 사랑

1. 일반적인 행위 및 자기 육신에 대한 지배

행위의 필요 근거

19. 이제 다른 부분인 외적 인간을 살펴보자. 여기서는 믿음에 관한 하나님의 말씀과 지금까지 말해진 것에 의해 마음이 상해서 "믿음이 모든 것을 다하고 믿음 하나만으로 의롭게 되는데 충분하다면, 왜 선행을 하라는 명령이 있는가? 그렇다면 우리는 믿음에 만족하여 게으르게 앉아서 아무 일도 안 하고자 한다"라고 말하는 모든 이들에게 다음과 같은 대답을 주고자 한다. "그렇지 않다. 이 불경건한 자들아, 그렇지 않다!" 만약 우리가 전적으로 완전히 내적이며 영적인 인간이라면 사실 그러했을 것이다. 그러나 죽은 자들이 부활하는 마지막 심판의 날이 오기까지는 이런 일은 있을 수 없다. 우리가 육 안에서 사는 한, 우리는 장래의 삶에서 완성될 일에 있어서 단지 시작하여 성장할 뿐이다. 그래서 사도 바울은 로마서 8장 23절에서 우리가 이생에서 갖는 이것을 '성령의 첫 열매'라고 부른다. 왜냐하면 우리는 미래에 완전한 몫과 성령의 충만을 받게 되기 때문이다. 이 부분은 처음에 이미 언급된 명제 "그리스도인은 모든 사람에게 종이며 모든 사람에게 굴복하여 있다"라는 것과 관련된다. 그리스도인

은 자유로운 한, 아무것도 할 필요가 없다. 그러나 그가 종인 한, 그는 모든 일을 해야 한다. 이것이 어떻게 이루어지는지 살펴보자.

내적 인간과 육신[믿음과 이기심]의 싸움

20. 앞에서 말한 바와 같이, 내적 인간은 영에 있어서 믿음을 통하여 충분하게 칭의되고, 믿음 자체와 그것의 부요함은 장래의 생명에 들어갈 때까지 날마다 자라야 한다는 사실을 제외하고는 그가 가져야 할 모든 것을 가지고 있다. 하지만 그는 이 땅에서 죽어야 하는 삶 안에 머물러 있는 존재로서 자신의 육신을 지배[제어]해야 하고 사람들과 더불어 살아야 한다. 여기서 이제 행위가 시작된다. 여기서 그는 게으르게 있어서는 안 된다. 여기서 그는 금식과 철야와 일하기와 다른 적절한 훈련들을 통하여 육신을 단련하고 육신을 영에 굴복하도록 힘써야 한다. 그렇게 하여 육신은 내적 인간과 믿음에 순종하고 일치하게 된다. 육신은 제어되지 않으면 그 본성에 따라 내적 인간에 저항하거나 내적 인간을 방해하기 마련이다. 내적 인간은 하나님과 일치하며 믿음을 통하여 하나님의 형상으로 만들어졌다. 내적 인간은 자신에게 이러한 매우 좋은 것들을 나누어 주신 그리스도로 인하여 기뻐하며 만족한다. 그러므로 그는 이제 즐거움으로 값없이 자발적인 사랑을 가지고 하나님을 섬기는 일을 유일한 과제

로 삼는다.

그는 이 일을 하는 동안에 자신의 육 안에서, 세상을 섬기고 자신의 것을 추구하려고 애쓰는 저항하는 의지를 만난다. 믿음의 영은 이것을 참을 수 없으며 그 저항하는 의지를 즐거움과 열심으로 억제하고 제어하고자 시도한다. 이는 바울이 로마서 7장 22-23절에서 말한 것과 같다. "나의 속사람으로는 하나님의 율법을 즐거워한다. 그러나 나는 나의 지체 속에 한 다른 율법이 있는 것을 보게 되는데, 이것은 나의 마음속에 있는 율법에 대항하며 나를 포로로 잡아 죄의 율법 아래로 데려간다." 또 다른 구절에서 "나는 내가 다른 사람들에게는 설교하고 나 자신은 망하지 않도록 나의 육신을 제어하고 나를 종으로 삼는다" 고전 9:27라고 말한다. 그리고 갈라디아서 5장 24절은 "그리스도께 속한 자들은 그들의 육을 그 탐심과 더불어 십자가에 못 박았다"라고 말한다.

행위는 의롭다 함을 받기 위한 것이 아니라 육신을 순종시키기 위함이다

21. 그러나 이러한 행위들은 하나님 앞에서 의롭다함을 받으려는 목적으로 행해서는 안 된다. 믿음은 그런 잘못된 생각을 참을 수 없다. 믿음만이 하나님 앞에서 의가 되기 때문이다. 행위는 오직 다음과 같은 의도로 행해져야 한다. 육신은 그러한 행위를 통해 내적 인간에 복종하게 되고 탐심으로부터

정결하게 되도록 육신의 눈을 오직 탐심을 몰아내는 일에만 주목하도록 해야 한다. 왜냐하면 영혼은 믿음을 통하여 정결하게 되고 하나님을 사랑하는 자가 되었기 때문에, 영혼은 모든 것, 무엇보다도 자신의 육신이 자신처럼 정결하게 되어 자신과 함께 모든 것이 하나님을 사랑하고 찬양하기를 원하기 때문이다. 그래서 인간은 자신의 육신이 원하는 대로 게으를 수 없으며, 오히려 육신을 복종시키기 위하여[육신으로 섬기도록 하기 위해] 많은 선한 행위를 하지 않을 수 없다. 하지만 행위는 우리가 하나님 앞에서 의롭게 되도록 하는 수단이 아니다. 오히려 행위는 우리가 하나님께 순종하기 위해 자발적인 사랑으로 행하는 것이다. 우리는 오직 하나님의 기뻐하심만을 바라보며 모든 일에 있어 매우 열심히 하나님의 기뻐하심에 일치하고자 한다.

이런 방식으로 각자는 어느 정도로, 또는 사람들이 말하듯 어떤 규정에 따라 자신의 육신을 절제해야 하는지 쉽게 알 수 있다. 즉, 그는 육신의 교만과 탐심을 제압하기에 충분해 보이는 만큼 금식하고, 깨어있고, 일한다. 그러나 행위를 통하여 의롭게 된다는 사실을 대담하게 신뢰하는 자들은, 탐심을 죽이는 일에는 관심이 없고 단지 행위 자체에만 관심을 둔다. 이들은 가능한 한 많은 일, 위대한 일을 행했을 때만 자신들이 바르게 행했고 의롭게 되었다고 생각한다. 이때 그들은 때때로 자신의 사고력을 손상시키고 본성[

인간을 인간되게 만드는 본질적인 것]을 소멸시키거나 적어도 쓸모없게 만들어버린다. 그러므로 이렇게 믿음 없이 오직 행위를 통하여 의롭다함을 받고 구원받고자 하는 것은 그리스도인의 삶과 믿음을 모르는 엄청난 어리석음이다!

믿는 자의 행위는 오직 하나님의 기뻐하심을 위해 자유로이 행해진다

22. 우리가 말한 것을 보다 쉽게 이해하기 위해 비유를 들어 설명하고자 한다. 하나님의 순전하고 값없는 자비하심으로 믿음을 통하여 의롭다함을 받고 구원받은 그리스도인이 행하는 행위는, 아담과 이브와 그들의 자녀들이 죄를 짓지 않았더라면 낙원에서 행했을 바로 그 행위와 같다고 볼 수 있다. 이 행위에 대하여 창세기 2장 15절에서는 "하나님은 그가 만드신 인간을 낙원에 놓으시고 그곳을 경작하며 지키도록 하셨다"라고 말씀한다. 이때 아담은 하나님에 의해 의롭고 선하게 창조되었고 죄가 없었기 때문에, 낙원을 경작하고 지키는 것을 통하여 의롭게 되고 바르게 될 필요가 없었다. 오히려 하나님께서는 그가 게으름에 빠지지 않도록 하기 위해 낙원을 경작하고 지키는 임무를 주셨다. 이것은 참으로 완전히 자유로운 행위였을 것이다. 그는 이미 온전히 가진 의를 얻기 위해서가 아니라 오직 하나님의 기뻐하심만을 위해 행했을 것이기 때문이다. 이 의는 죄를 짓지 않았더라면 우리 모

두에게도 태어나면서 주어졌을 것이었다.

믿는 사람의 행위도 그와 같다. 믿음을 통하여 다시 낙원에 놓이고 새롭게 창조된 믿는 자에게 행위가 필요한 것은, 의롭게 되거나 의로운 상태로 있기 위해서가 아니라, 단지 빈둥빈둥 게으르지 않고 자신의 육신을 훈련시키고 유지하기 위해서이다. 믿는 자에게 이러한 행위는 오직 하나님의 기뻐하심을 위해 행해지는 자유로운 행위이다. 한 가지 예외가 있다면, 우리는 아직 완전한 믿음과 완전한 사랑을 갖도록 전적으로 새롭게 창조되지 않았다는 사실이다. 믿음과 사랑은 계속 성장해야 하는바, 이것은 행위를 통해서가 아니라 믿음과 사랑 그 자체를 통해서 이루어진다.

다른 예를 들어 보자. 거룩한 주교가 교회를 봉헌하거나 아이들에게 견진례堅振禮를 베풀거나 자신의 의무에 속하는 다른 일들을 행할 때, 그는 이런 행위들을 통하여 비로소 주교로 임명되는 것이 아니다. 만일 그가 이전에 주교로 임명되지 않았다면, 이러한 행위는 유효하지 않으며 오히려 어리석고 유치한 장난에 지나지 않을 것이다. 이와 마찬가지로 믿음을 통하여 그리스도인이 된 사람이 선행을 하는 것이지, 그가 선행을 통해서 거룩하게 되거나 그리스도인이 되는 것이 아니다. 왜냐하면 이 일은 오직 믿음이 하는 것이기 때문이다. 그리고 만약 그가 그 이전에 믿거나 그리스도인이 되지 않는다면, 그의 모든 행위는 전혀 쓸모가 없으며 참으로 사악하고 저주받아 마땅한 죄가 될 것이다.

인격이 행위에 우선한다

23. 그러므로 다음 두 명제는 옳다. "선한 행위가 선한 사람을 만드는 것이 아니라, 선한 사람이 선한 행위를 한다. 악한 행위가 악한 사람을 만드는 것이 아니라, 악한 사람이 악한 행위를 한다." 그래서 사람의 본질 또는 인격 자체가 모든 선행 이전에 먼저 선해야 하며, 선행은 선한 인격으로부터 뒤따라 나와야 한다. 이런 의미로 그리스도께서도 말씀하셨다. "나쁜 나무가 좋은 열매를 낼 수 없고, 좋은 나무가 나쁜 열매를 낼 수 없다."마 7:18 열매가 나무를 지탱하거나 나무가 열매에서 자라는 것이 아니라, 오히려 나무가 열매를 맺는 것이고 열매는 나무에서 자라는 것이다. 열매 맺기 전에 먼저 나무가 있어야 하고, 열매가 나무를 좋거나 나쁘게 만드는 것이 아니라, 오히려 그 반대로 나무가 먼저 있으며 좋은 나무가 좋은 열매를, 나쁜 나무가 나쁜 열매를 내는 것이다. 이처럼 사람이 좋은 행위 혹은 나쁜 행위를 하기 이전에, 먼저 사람의 인격이 좋든지 나쁘든지 한 것이다. 행위가 그 행위자를 선하거나 악하게 만드는 것이 아니라, 그 행위자 자신이 행위를 선하거나 악하게 만드는 것이다.

우리는 이와 비슷한 것을 수공업자에게서도 볼 수 있다. 나쁜 집이나 좋은 집이 나쁜 목수나 좋은 목수를 만드는 것이 아니라, 좋은 목수가 좋은 집을 만들고 나쁜 목수가 나쁜 집을 만드는 것이다. 일반적으로 표현하면 어떠한 일 자체가 장인匠人을 만드는 것이 아니라, 장인이 자신의 능력에 걸맞은 일을 하는 것이다. 인간의 행위에 있어서도 마찬가지다. 인간 자신이 믿음 안에 있는가 불신앙 가운데 있는가에 따라 그의 행위 역시 결정된다. 만일 그 행위가 믿음 안에서 이루어진다면 선한 것이고, 불신앙으로 행해진다면 악한 것이다. 순서가 뒤바뀔 수 없는데, 행위에 따라 사람이 믿음 안에 있거나 불신앙 안에 있을 수 없기 때문이다. 행위가 사람을 믿는 자로 만들 수 없듯이, 또한 행위가 사람을 의롭게 만들 수도 없다.

믿음이 사람을 경건하고 의롭게 만드는 것처럼 또한 믿음은 선을 행하게도 한다. 행위는 사람을 의롭게 하지 못하며, 오히려 사람은 선을 행하기 전에 먼저 의롭게 되어야 한다. 하나님의 전적인 자비하심으로부터 그리스도와 그의 말씀을 통하여 사람의 인격을 가치있게 만들고 넉넉히 칭의하고 구원하는 것은 오직 믿음이라는 사실은 명백하다. 그리스도인은 구원을 위해서 행위와 율법이 필요하지 않다는 사실 또한 분명하다. 왜냐하면 그는 믿음을 통하여 모든 율법으로부터 자유하고 또한 그가 행하는 모든 것을 참된 자유 가운데 자발적으로 행하기 때문이다. 이렇게 행하게 될 때 그는 자신의 유익이나 구원을 구하지 않고 다만 하나님의 기뻐하심만을 구하게 된다. 그는 하나님의 은혜를 통하여 믿음으로 이미 모든 것을 충분히 가지고 있으며 구원받았기 때문이다.

믿음이 행위에 우선한다

24. 마찬가지로 불신자가 행하는 선행도 그의 의와 구원을 얻게 하는데 무익하다. 반면, 그의 악한 행위가 불신자를 악하게 하거나 저주받게 하는 것이 아니다. 오히려 악한 인격과 나무를 만드는 불신앙이 악하고 저주받을 행위를 하는 것이다. 그러므로 누가 선하게 되거나 악하게 된다면, 그것은 행위 때문이 아니라 믿음 아니면 불신앙 때문이다. 이는 시락서 10장 12절에서 말하는 것과 같다. "죄의 시작은 하나님으로부터 떨어져 나가는 것", 즉 믿지 않는 것에 있다. 바울은 히브리서 11장 6절에서 "하나님께 오는 자는 반드시 믿어야 한다"라고 말한다. 그리스도께서도 동일하게 말씀하신다. "좋은 나무를 심어라. 그러면 그 열매가 좋게 될 것이다. 아니면 나쁜 나무를 심어라. 그러면 그 열매가 나쁘게 될 것이다."마 12:33 이 말의 의도는 "좋은 열매를 갖기를 원하면, 좋은 나무를 심는 것으로 시작하라"라는 것이다. 선을 행하기를 원하는 자 역시 행위로 시작하지 말고, 인격을 선하게 만드는 믿음으로 시작하라. 왜냐하면 오직 믿음이 선한 인격을 만들고, 오직 불신앙이 악한 인격을 만들기 때문이다.

인간이 행위를 통해 사람들 앞에서 선하게도 악하게도 된다는 말은 옳다. 그러나 실상 이것은 그의 선함이나 악함이 사람의 눈에 드러나고 인식되는 것이라는 의미일 뿐이다. 이에 대해 그리스도께서는 마태복음 7장 20절에서 "그들의 열매로 그들을 알 것이다"라고 말씀하셨다. 우리 눈에 드러나는 모든 것은 외적이고 표면적인 모습에 머물러 있고, 이것에 매우 많은 사람들이 속는다. 그들은 뻔뻔스럽게 선행을 통해서 칭의를 받는다고 생각하여 선행에 관하여 서술하고 가르친다. 그렇게 그들은 잘못된 길로 들어서서 항상 미혹되고 더욱 악한 상태에 빠지게 되며, 딤후 3:13 스스로 눈먼 자인 동시에 맹인의 길잡이가 되고 만다. 마 15:14 그들은 많은 행위로 스스로를 그렇게 괴롭히지만 결코 진정한 의에 도달하지는 못한다. 바울은 이런 자들에 관하여 디모데후서 3장 5-7절에서 다음과 같이 말하고 있다. "그들은 경건의 모양은 있으나 경건의 능력은 부인하는 자들이다. … 그들은 항상 배우나 끝내 진리의 지식에 이르지 못한다."

그러므로 이러한 눈먼 자들과 함께 오류에 빠지기를 원치 않는 사람은 행위 또는 행위에 관한 율법이나 가르침 너머를 보아야 한다. 아니, 오히려 행위로부터 눈을 돌려 인격을 보며 인격이 어떻게 의롭다함을 받는지를 바라보아야 한다. 인격은 행위와 율법을 통해서가 아니라 하나님의 말씀, 즉 하나님의 은혜에 대한 약속과 믿음을 통하여 의롭다함을 받고 구원을 받는다. 이것은 "우리가 행한 의의 행위 때문이 아니라 그의 자비하심에 따라" 딛 3:5 그의 은혜의 말씀을 통하여 믿는 자들을 구원하신참조. 고전 1:21 지존하신 하나님께 영광이 돌아가도록 하기 위한 것이다.

선행에 관한 판단, 그리고 율법과 복음에 관한 설교

25. 이러한 사실로부터 우리는 어떤 근거로 선행을 거부하거나 인정해야 하는지, 행위에 관한 모든 가르침을 어떤 원리에 따라서 이해해야 하는지를 쉽게 알 수 있게 된다. 만약 행위가 의와 관련되고 또한 당신이 지옥의 리워야단Leviathan, 45) 즉 잘못된 생각으로 인해 행위를 통해 의롭게 될 것이라고 생각 한다면, 행위는 당신을 이미 강요하고 있는 것이고 믿음과 자유를 소멸시키고 있는 것이다. 그리고 이러한 부가물을 통해 행위는 더 이상 선한 것이 아니라 진정으로 저주받아 마땅한 것이 된다. 그 행위는 자유로운 것이 아니기 때문이고, 행위가 이룰 수 없는 칭의와 구원을 믿음을 통하여 유일하게 이루실 수 있는 하나님의 은혜를 모독하는 것이기 때문이다. 그럼에도 불구하고 행위로 구원받고자 하는 자들은 이러한 인간의 어리석음과 신성모독적인 무례함으로써 행위로 구원받기를 추구하고, 그렇게 함으로 은혜가 하는 일과 영광을 강제로 침해하고 있는 것이다. 우리는 선행을 거부하지 않고, 오히려 선행을 좋은 것으로 간주하며 큰 기

뿜을 가지고 선행을 가르친다. 우리가 선행을 저주하는 까닭은 선행 그 자체 때문이 아니라 그 신성모독 때문이며, 선행이 의를 얻을 수 있다는 그릇된 의견 때문이다. 실상은 전혀 선하지 않은 행위가 외관으로는 선하게 보일 수도 있다. 만일 그렇다면 사람들은 스스로 속으며, 또한 '양의 옷을 입은 노략하는 이리들' 마 7:15처럼 다른 사람들을 속이게 되는 것이다.

이러한 리워야단, 즉 행위에 대한 잘못된 생각은 진정한 믿음이 없는 경우에는 극복이 불가능하다. 잘못된 생각의 파괴자인 믿음이 와서 마음을 다스리기 전까지는, 이러한 생각은 행위를 신봉하는 경건한 자들에게서 제거될 수 없기 때문이다. 인간의 타고난 본성은 스스로의 힘으로는 이 잘못된 생각을 몰아내지 못한다. 아니, 인식조차 할 수 없다. 심지어 인간의 본성은 이런 생각을 지극히 거룩한 의지라고 여기기까지 한다. 그렇기 때문에 만일 여기에 습관이 더해져 비뚤어진 본성을 더욱 강화하면, 신성모독적인 신학교사들[스콜라신학자들]에 의해 이루어진 것처럼 이 잘못된 생각은 치료 불능의 악이 되어 끝없이 많은 사람을 잘못된 길로 인도할 것이며, 돌이킬 수 없는 지경으로 끌고가 파멸시키고 말 것이다. 회개와 고백과 보상46) 에 대해 설교하고 글을 쓰는 것은 좋지만, 만약 여기에 머무른 채 믿음을 가르치지 않는다면, 그것은 명백히 기만하는 행위이며 악마적인 가르침이 된다. 그래서 그리스도께서는 세례 요한과 더불어 단지 "회개하라"라고 말씀하신 것이 아니라, "하늘나라가 가까이 왔다"는 믿음의 말씀을 첨가하셨던 것이다. 마 3:2; 4:17

그러므로 우리는 하나님의 말씀 중 한 부분만을 설교해서는 안 되고 하나님의 두 가지 말씀을 설교해야 한다. "새 것과 옛것을 그 곳간에서 내어오듯이" 마 13:52, 율법의 음성과 은혜의 말씀 두 가지를 설교해야 한다. 율법의 음성을 제시해야 하는 이유는 사람들을 경악하게 하고 자신의 죄들을 인식하게 하고, 여기서 회개와 더 나은 삶으로 돌이키도록 하기 위한 것이다. 그러나 여기에 머물러서는 안 된다. 왜냐하면 여기에 머무는 것은 단지 상처를 내고는 매주지 않고, 다치게 하고는 고쳐주지 않고, 죽이고는 다시 살리지 않고, 지옥으로 끌어내리고는 다시 끌어올리지 않고, 낮추고는 다시 높이지 않는 것과 같은 것이기 때문이다. 그러므로 은혜의 말씀과 용서를 약속하는 말씀도 설교하여 믿음을 가르치고 믿음을 세우도록 해야 한다. 이러한 은혜의 말씀이 함께 선포되지 않는다면 율법의 행위와 뉘우침과 회개, 그리고 그 밖의 다른 모든 것은 헛되이 행해지며 가르쳐지는 것일 뿐이다.

물론 오늘날에도 회개와 은혜의 설교가들이 몇몇 남아 있으나, 그들은 회개와 은혜가 어디에서 오는 것인지 가르쳐주려는 목적과 생각이 없이 단지 하나님의 율법과 약속만을 설교한다. 회개는 하나님의 율법으로부터 나오지만, 믿음과 은혜는 하나님의 약속으로부터 나온다. 이는 로마서 10장 17절의 말씀과 같다. "믿음은 들음에서 나오며 들음은 그리스도의 말씀으로부터 나온다." 그러므로 하나님의 율법에 의해 위협과 두려움으로 낮아지고 자기 인식을 하게 된 사람이, 이제 하나님의 약속에 대한 믿음을 통해 위로받고 높여지게 되는 것이다. 그래서 시편 30편 5절에서는 "저녁에는 울음이 기숙할지라도 아침에는 기쁨이 오리로다"라고 말씀하고 있다.

2. 이웃에 대한 행위

이웃을 위해 사는 그리스도인; 모범이신 그리스도

26. 지금까지 일반적인 행위와, 그리스도인이 자신의 몸에 행하는 행위에 관하여 말하였다. 마지막으로 그리스도인이 이웃에게 행하는 행위에 관하여 말하고자 한다. 사람[그리스도인]은 육신[죽을 몸]을 가지고 사는 동안에 이 몸에 무엇인가를 행할 목적으로 자신만을 위해서 사는 것이 아니라, 땅위에 있는 다른 사람을 위해서도 산다. 아니, 사람은 자기자신을 위해서가 아니라 오직 다른 사람을 위해 산다. 그는 다른 사람을 더 바르고 자유하게 섬길 수 있도록 자신의 몸을 복종시킨다. 이것은 바울이 로마서 14장 7-8절에서 말하

는 것과 같다. "누구든지 자기를 위해 사는 자가 없고 자기를 위해 죽는 자도 없다. 살아있는 자는 주를 위해 살고, 죽는 자는 주를 위해 죽기 때문이다." 그러므로 누군가 이 세상의 삶에서 이웃에 대하여 게으르게 아무 행위도 없이 산다는 것은 있을 수 없다. 그가 사람들과 함께 말하고, 행동하고, 교제하는 일은 필연적이다. 이는 그리스도께서 "사람 같이 되셨고 형체에 따라[삶의 방식에 따라] 사람으로 나타나셨다" 빌 2:7-8라는 말씀과, 바룩서 3장 38절 "사람들과 교제하셨다"라는 말씀과 같다.

그렇지만 이런 행위들 어떤 것도 우리 인간이 의와 구원을 얻는 데 필요한 것이 아니다. 우리가 행위를 함에 있어서 오직 염두에 두어야 하고 오직 목표로 삼아야만 하는 것은 이 행위를 통해 다른 이들을 섬기며 유익하게 하고 오직 이웃의 필요와 유익만을 고려하는 일이다. 사도 바울은 곤경에 처한 사람에게 주기 위해 손으로 일하라고 명령했다. 엡 4:28 여기서 그는 '우리가 먹고 살기 위해서'라고 말할 수도 있었지만, 그렇게 말하지 않고 '곤경 가운데 있는 사람에게 주기 위해서'라고 말했다. 이런 관점에서 보면 육신을 배려하는 것도 기독교적인 것이다. 왜냐하면 우리 육신이 건강하고 튼튼해야 도움이 필요한 사람들을 돕기 위해 일할 수 있고 돈을 벌 수 있기 때문이다. 그렇게 하여 강한 지체는 약한 지체를 섬길 수 있으며 우리는 하나님의 자녀가 될 수 있다.

그렇게 서로 열심히 챙겨주고 서로 무거운 짐을 나누어 짐으로, 결국 우리는 그리스도의 율법을 성취하게 되는 것이다. ^{갈 6:2} 보라, 이것이 진정 그리스도인의 삶이다. 여기에 참으로 '사랑을 통하여 역사하는 믿음'^{갈 5:6}이 있다. 이 말씀의 뜻은 이렇다. 그리스도인은 이미 자신의 믿음의 충만함과 부요함으로 넘치도록 채워져 있기에 즐거움과 사랑을 가지고 매우 자유로운 섬김의 일을 하고, 이를 통해 다른 사람을 아무 대가 없이 자발적으로 섬기게 된다는 것이다.

이런 의미로 사도 바울은 빌립보 교인들이 그리스도에 대한 믿음 안에서 모든 것을 소유함으로 얼마나 부요한지를 가르치면서 다음과 같이 말했다. "너희들에게 그리스도의 교훈이나 사랑의 위로나 영의 교제가 있다면, 너희가 한마음이 되고, 같은 사랑을 갖고, 뜻을 같이하고, 한 마음을 품고, 어떤 일도 다툼이나 허영으로 하지 말고, 오히려 겸손함으로 서로를 자신보다 낮게 여기고, 누구나 자신의 일을 돌아보지 말고 다른 사람의 일을 돌아보라."^{빌 2:1 이하} 여기서 우리는 사도 바울이 그리스도인의 삶의 규칙을, 다른 사람의 유익을 위해 모든 행위를 해야 하는 것으로 정하였음을 분명히 볼 수 있다. 왜냐하면 우리 각 사람은 믿음으로 말미암아 넘치도록 부요하기 때문에, 우리의 다른 모든 행위와 인생 전체는 자발적인 기쁨을 가지고 이웃을 섬기고 이웃에게 선을 행하기 위한 여분의 몫이기 때문이다.

바울은 그리스도를 이러한 예로 든다. 그는 "너희 안에 이 마음을 품으라 곧 그리스도 예수의 마음이니 그는 근본 하나님의 본체시나 하나님과 동등됨을 취할 것으로 여기지 아니하시고 오히려 자기를 비워 종의 형체를 가지사 사람들과 같이 되셨고 사람의 모양으로 나타나사 자기를 낮추시고 죽기까지 복종하셨으니 곧 십자가에 죽으심이라" 빌 2:5 이하 라고 말한다. 여기서 '하나님의 형상[본체]', '종의 형상[형체]', '모양', '사람과 같이'라는 사도 바울의 표현들을 바르게 이해하지 못하여 신적인 본질과 인간적인 본질을 의미하는 것으로 해석한 자들은, 우리의 눈을 어둡게 하여 사도 바울의 지극히 유용한 말씀을 이해하지 못하도록 했다. 사도 바울이 여기서 말하고자 하는 것은 다음과 같다. 즉, 그리스도께서는 완전히 하나님의 형상 가운데 계셨고 모든 좋은 것에 있어 넘치도록 부요하셔서 의롭게 되고 구원받으시기 위해 어떤 행위나 고난이 필요하지 않으셨지만 왜냐하면 그는 이 모든 것을 처음부터 가지고 계셨기 때문이다 그는 그것을 자랑하거나 자신을 우리 위로 높이지 않으셨다. 또한 그는 마땅히 그렇게 하실 수 있었지만 우리를 지배하는 권세를 갖고 있다고 생각하지 않으셨다. 오히려 반대로, 그는 다른 사람들과 닮기 위해 힘써 일하시고 고난 겪으시며 죽으셨고, 마치 이 모든 것이 자신에게 필요한 것처럼, 하나님의 형상을 전혀 갖고 있지 않은 것처럼 외적인 모습[모양]과 태도에 있어서 다름 아닌 한 인간으로서 행하셨다. 그는 이 모든 것을 우리를 위하여 행하셨는데 이는 우리를 섬기기 위함이었고, 또한 이러한 종의 형체를 입고 행하신 모든 것이 우리의 것이 되도록 하시기 위함이었다.

제 2의 그리스도; 그리스도인 이름의 의미

27. 그러므로 그리스도인은, 머리가 되시는 그리스도께서 믿음을 통하여 충만하고 충족되신 것처럼, 믿음을 통하여 소유하게 된 하나님의 형상으로 만족해야 한다. 단 한 가지 예외가 있다면, 이미 말한 바와 같이 이 믿음이 완전해질 때까지 믿음을 강하게 해야 한다는 사실이다.

　믿음은 그의 생명과 의와 구원이기 때문이다. 믿음은 그의 인격을 하나님께 호감이 가도록 하며 그리스도[그리고 하나님]께서 소유한 모든 것을 그리스도인에게 수여한다. 이것은 위에서 말한 것과 같고 또한 바울이 갈라디아서 2장 20절에서 말한 바와 같다. "내가 육[육신] 안에서 사는 것은 하나님의 아들을 믿는 믿음 안에서 사는 것이다." 그리스도인은 모든 행위로부터 자유하지만[모든 행위를 할 필요가 없지만], 이 자유 안에서 다시 자신을 낮추고 종의 형상을 취하여 사람과 같이 되고 사람의 모양이 되며, 이웃을 섬기고 도와야 한다. 또한 그는 하나님께서 그리스도를 통하여 이미 자신에게 행하셨고 또 지금 행하시는 것처럼 행해야 한다. 그리고 그는 자발적으로, 그리고 하나님의 기뻐하심 외에는 어떤 것도 기대하지 않고 행해야 한다. 결국 그는 다음과 같이 생각해야 한다. "그렇다! 나의 하나님께서는 가치 없고 저주받은 인간인 나에게 아무런 공로가 없는데도 불구하고, 그리스도 안에서 오직 순전하고 자발적인 자비로 의와 구원의 모든 부요함을 주셨다. 이러한 사실을 신뢰하는 믿음 이외에는 내게 다른 어떤 것도 전혀 필요하지 않다. 헤아릴 수 없는 부요하심으로 나를 넘치도록 채워주신 그런 아버지께, 내가 자유함으로 즐거움으로, 전심을 다 바친 자발적인 열심으로 그 분께서 기뻐하시고 기꺼이 바라시는 모든 것을 왜 행하지 않겠는가? 그리스도께서 자신을 내게 내어주신 것처럼, 나도 내 이웃에게 일종의 그리스도로서 나 자신을 내어주고자 한다. 그리고 나는 믿음을 통하여 그리스도 안에서 모든 좋은 것을 넘칠 정도로 가지고 있기 때문에, 이생에 사는 동안 내 이웃에게 필요하고 도움이 되고 유익한 것 이외에는 어떤 일도 하지 않고자 한다."

보라, 이렇게 믿음으로부터 주님 안에서의[주님에 대한] 사랑과 기쁨이 흘러나오고, 사랑으로부터, 이웃이 감사하든 감사하지 않든, 칭찬하든 책망하든, 자신에게 유익이 되든 손해가 되든 상관하지 않은 채 이웃을 기꺼이 섬기고자 하는 즐거운 마음이, 자발적이고 자유로운 마음이 흘러나온다.

그가 이것을 행하는 것은 사람들에게 자신에 대한 의무를
지우도록 하기 위한 것이 아니다. 그는 친구와 적을 구별하
지 않으며, 사람들이 감사하든 감사하지 않든 신경쓰지 않
는다. 그는 감사하지 않는 자들에게 허비하는 것이 될지, 혹
은 감사하는 자들에게서 유익을 얻게 될지 상관하지 않고 그
자신과 자신이 가진 것을 완전히 자유롭게 기꺼이 나누어 준
다. 왜냐하면 그의 아버지께서도 모든 자에게 모든 것을 부
요하게 완전히 값없이 나누어주시며 "그의 해를 선인과 악
인 위에 비추시기" 마 5:45 때문이다. 아들[하나님의 자녀인 그
리스도인]도 그와 마찬가지인데, 그는 그렇게 많은 것을 부
요하게 주시는 하나님 안에서 그리스도를 통하여 누리는 자
발적인 즐거움만을 가지고 모든 것을 행하고 인내한다.

　　우리가 우리에게 주어진 지극히 크고 값진 선물을 깨닫는
다면, 바울이 말하는 바와 같이 "성령을 통하여 우리의 마음
에 부어지는" 롬 5:5 사랑을 보게 된다. 바로 이 사랑을 통하
여 우리는 자유롭고 즐겁고 매우 강력한 일꾼이고 모든 곤
경을 극복하는 승리자이고, 이웃을 섬기는 종인 동시에 여
전히 만물의 주인인 것이다. 그러나 그리스도를 통하여 자
신에 주어진 것을 깨닫지 못하는 자들에게는 그리스도의 태
어나심은 헛된 것이다. 그들은 자기 소신대로 행하여 그리
스도의 선물들을 맛보거나 느낄 수 없다. 우리의 이웃이 곤
궁 가운데 있고 우리의 넘치는 소유를 필요로 하는 것처럼,

우리 역시도 하나님 앞에서 곤궁하였고 하나님의 자비가 필요했었다. 그러므로 하늘의 아버지가 그리스도 안에서 우리를 값없이 도와주신 것처럼, 우리도 우리의 몸과 행위를 통하여 우리의 이웃을 값없이 도와야 하고 우리 각자는 다른 사람에게 일종의 그리스도가 되어야 한다. 우리는 서로에게 그리스도가 되어야 하고 또한 동일한 그리스도께서 모든 사람 안에 계시도록 해야 한다. 이렇게 하는 것이 진정한 그리스도인이다.

누가 그리스도인의 삶의 부요함과 영광스러움을 이해할 수 있을까? 그리스도인의 삶은 모든 것을 할 수 있고, 모든 것을 갖고 있고, 어떤 것도 부족하지 않다. 이 삶은 죄와 죽음과 지옥의 주인인 동시에, 또한 섬기는 종으로서 모든 사람을 섬기고 유익하게 한다. 그러나 통탄스럽게도 오늘날 그리스도인의 삶은 온 세상에 알려지지 않았으며, 설교되거나 추구되지도 않는다. 그래서 우리는 우리 자신의 이름조차 전혀 알지 못하고, 우리가 왜 그리스도인이고 그리스도인이라고 불리는지 모른다. 우리는 우리를 떠나계시지 않고 우리 안에 거하시는 그리스도를 따라 그리스도인이라고 불리는 것이다. 다시 말해, 우리가 그리스도를 믿고 또한 그리스도께서 우리에게 행하신 것처럼 우리가 이웃에게 행함으로 서로에게 그리스도가 될 때, 진정 그 이름의 주인이 되는 것이다. 그러나 지금 우리는 인간의 교리를 근거로 오직 공

로와 보상과 우리 자신의 것만을 추구하도록 가르침을 받고
있다. 그래서 우리는 그리스도를 모세보다 더 엄격한 행위
감독관[행위로 내모는 교사]으로 만들어버렸다.

3. 일반적인 행위에 대한 바른 태도

바른 행동의 예

28. 무엇보다도 동정녀 마리아가 이러한 믿음의 탁월한 예에
속한다. 누가복음 2장 22절에 기록되어 있는 것처럼, 그녀
는 모세의 율법레위기 12장에 따라 다른 모든 여인과 마찬가지
로 자신을 정결하게 하였다. 물론 마리아는 율법에 따라 자
신을 정결하게 할 의무나 필요가 없었을지라도, 자발적으로
그리고 자유로운 사랑으로 다른 여인들처럼 율법에 복종했
다. 이것은 다른 여인들에게 걸림돌이 되거나 그녀들을 멸시
하지 않기 위함이었다. 그녀는 이러한 행위를 통하여 의롭
다함을 받은 것이 아니라, 의롭게 된 자로서 자유롭고 자발
적으로 행한 것이다. 이처럼 우리의 행위도 의롭다함을 받기
위해서 행해져서는 안 된다. 오히려 우리는 그것에 앞서 이
미 믿음으로 의롭다함을 받은 자로서 다른 사람들을 위하여
모든 행위를 자발적으로 기쁨을 가지고 행해야 한다.

사도 바울도 그의 제자 디모데에게 할례를 받게 했는데
행 16:3, 이것은 그가 의롭다함을 받기 위해 필요했던 것이 아

니라, 믿음의 자유를 아직 이해할 수 없었던 믿음이 약한 유대인들에게 걸림돌이 되거나 그들을 경멸하지 않기 위함이었다. 하지만 반대로, 믿음이 약한 유대인들이 믿음의 자유를 무시하며 의롭다함을 받기 위해서는 할례가 필요하다고 주장했을 때, 바울은 이에 대항하며 디도의 할례를 허락하지 않았다. 갈 2:3 왜냐하면 그가 믿음이 약한 어떤 사람도 모욕하거나 멸시하고자 원치 않고 그들의 뜻에 때때로 복종했듯이, 또한 믿음의 자유가 완고한 율법 옹호자들[의에 대한 완고한 옹호자들]에 의해 모욕을 당하거나 멸시되는 것을 원치 않기 때문이다. 그래서 그는 믿음이 약한 자들은 잠시 관용하고 완고한 자들에 대해서는 항상 저항하면서, 모든 사람이 믿음의 자유에 이르게 하도록 중도의 길을 갔다. 우리도 로마서 14장 1절의 가르침대로 믿음이 연약한 자들을 용납해야 한다. 하지만 행위를 가르치는 완고한 자들에 대해서는 강경하게 저항해야 한다. 이들에 대하여는 이후에 더 상세히 말할 것이다.

그리스도 역시 마태복음 17장에서 사람들이 그의 제자들에게 성전세를 내라고 요구했을 때, 왕의 자녀들에게는 세금이 면제되는 것이 아니냐고 베드로와 말씀하셨고, 이에 베드로는 그렇다고 대답했다. 그런데도 그리스도께서는 베드로에게 바닷가로 가라고 명하시면서 "그들이 실족하지 않게 하기 위하여 네가 바다에 가서 낚시를 던져 먼저 오르는 고기를 건져 입을 열면 돈 한 세겔을 얻을 것이니 가져다가 나와 너를 위하여 주라" 마 17:24 이하고 말씀하셨다. 이 예는 우리의 주제에 잘 들어맞는다. 왜냐하면 그리스도께서는 여기서 자신과 자기의 제자들을 아무것도 필요로 하지 않는 자유로운 자이자 왕의 자녀라고 부르면서도 자발적으로 율법에 복종하여 세금을 내시기 때문이다. 이 행위가 그리스도께 의롭다함을 받기 위해서나 구원을 얻기 위해서 필요하거나 도움이 되는 것이 아닌 것처럼, 그의 다른 모든 행위와 그의 제자들의 행위들은 의를 얻기 위한 것이 아니었다. 그 행위들은 모두 의롭다함을 받은 이후에 오는 것이고, 단지 다른 사람들을 섬기고 본보기를 보이기 위해 자유로이 행해진 것이기 때문이다.

바울이 로마서 13장 1절 이하와 디도서 3장 1절에서 가르치는 것도 이와 같다. 즉, 그리스도인들은 국가의 권력에 복종하고 모든 선행을 기꺼이 하겠다는 자세로 살아야 하는데, 이것은 의롭다함을 받기 위한 것이 아니다. 왜냐하면 그들은 이미 믿음으로 의롭기 때문이다. 오히려 그들이 그렇게 행하는 것은 영의 자유 안에서 다른 사람들과 권력자들을 섬기고 자발적인 사랑으로 그들의 뜻에 복종하기 위해서이다. 모든 기관과 수도원과 사제들의 행위도 이러한 종류의 행위가 되어야 한다. 모든 사람이 자기의 직업과 신분에 따라 행하는 것은 의롭다함을 얻기 위해서가 아니라, 자기 육신을 복종시키고 육신의 훈육이 필요한 다른 사람들에게 본을 보이기 위함이고 또한 자발적인 사랑으로 다른 사람의 뜻에 복종하기 위한 것이다. 그러나 여기서 특별히 항상 주의해야 하는 것은, 어리석은 확신 가운데 혹시 그런 행위를 통하여 의롭다함을 받거나 공로를 얻거나 구원받는다고 생각하지 않도록 하는 것이다. 이런 일들은 이미 여러 번 말한 바와 같이 오직 믿음이 하는 일이다.

이런 사실을 아는 사람이라면, 교황과 주교들과 수도원들과 교회들과 영주들과 시의원들이 제시하는 수없이 많은 계명과 규정에 잘못될 위험 없이 손쉽게 적응할 수 있을 것이다. 그런데 일부 어리석은 목자들은 이런 계명들과 규정들을 이것은 단지 교회의 계명 그 이상도 이하도 아님에도 교회의 계명이라 부르면서 의롭다함을 받고 구원을 받는데 필수적이라고 주장한다. 이에 대해 자유로운 그리스도인은 다음과 같이 말할 것이다. "나는 금식하고 기도하고, 사람들이 명하는 이러저러한 일들을 행할 것이다. 이것은 의로움이나 구원을 얻기 위해 필요하기 때문이 아니라, 오히려 교황과 주교와 이 공동체와 이러저러한 시의원 내지는 나의 이웃에게 본보기로서 복종하기 위한 것이다. 내가 이 모든 것을 행하고 겪는 것은, 그리스도께서 자신을 위해서는 전혀 필요하지 않은 것이지만 나를 위하여 더 많은 일을 행하시고 당하신 것과 같다. 사실 그는 전혀 율법 아래에 있지 않으셨지만, 나를 위하여 율법에 복종하셨던 것이다. 독재자들이 폭력을 사용하고 불의를 행하며 무엇인가를 요구할지라도 이것이 하나님을 거역하는 것이 아닌 한, 그것은 어떤 해도 주지 않을 것이다."

계명의 규칙 및 적용

29. 결국, 우리는 모든 행위와 율법에 관하여 정확히 판단하고 신뢰할만하게 구분할 수 있으며, 누가 눈멀고 어리석은 목자인지, 누가 참되고 좋은 목자인지 알 수 있다. 왜냐하면 어떤 행위든지 자신의 육신을 제어하기 위한 것이 아니거나 이웃이 하나님께 거스르는 것을 요구하지 않는 한 이웃을 섬기는 목적을 위한 것이 아니라면, 그것은 선한 행위도 아니고 그리스도인의 행위도 아니기 때문이다. 그러므로 나는 오늘날 기관, 수도원, 제단, 교회의 직무 가운데 소수만이 참으로 기독교적이거나 아니면 모든 것이 비기독교적이고, 또한 금식이나 특정한 성자에게 드리는 특별기도 역시 마찬가지임을 깊이 우려한다. 이 모든 행위를 통하여 우리의 죄들이 사해지고 구원이 이루어지리라 생각한다면, 이 행위들은 우리 자신의 것을 추구하는 것 이외에 아무것도 아니다. 그렇게 함으로 그리스도인의 자유는 근본적으로 소멸되는데, 이런 불행은 오직 그리스도인의 믿음과 자유에 대한 무지로부터 오는 것이다.

지금 수많은 눈먼 목자들은 사람들의 그러한 행동방식을 칭찬하고 면죄부로 불을 붙이고 있다. 그들은 바른 믿음은 전혀 가르치지 않으면서 사람들로 하여금 그런 일에 열정을 갖도록 선동하고 충동함으로 이러한 무지와 자유의 억압을 고의로 강화시킨다. 그러나 내가 당신에게 조언하고자 하는 것은 다음과 같다. 만일 당신이 기도나 금식을 하고, 혹은 사람들이 흔히 말하듯 교회에 무언가를 기부하고자 한다면, 그것들을 통해 세상에서의 유익이나 영원한 유익을 얻으려는 목적으로 행하지 않도록 조심하라. 그렇게 함으로 당신에게 홀로 이 모든 것을 주는 당신의 믿음에 대해 부당한 일을 행하는 것이기 때문이다. 당신은 믿음에만 관심을 기울이되, 믿음이 행위나 고난을 통해 훈련되어 성장하도록 해야 한다. 당신이 주는 것을 값없이 주고 대가를 바라지 말라. 그렇게 하여 다른 사람들이 당신과 당신의 재물을 통하여 번성하며 형편이 나아지도록 하라. 그렇게 함으로 당신은 진정으로 선하게 되고 그리스도인이 될 것이다. 하나님께서 믿음을 통하여 당신에게 모든 것을 선물로 주셨고 그 믿음으로 당신이 넘치게 가지고 있다면, 당신의 선행이 당신의 육신을 제어하고도 넘쳐난들 그것이 당신에게 무슨 의미가 있겠는가?

　　보라! 이 원리에 따르면, 우리가 하나님으로부터 받은 모든 좋은 것은 한 사람으로부터 다른 사람에게로 흘러가서 공동의 소유가 되어, 각자 자기 이웃을 수용하고 마치 자신이 이웃의 처지에 있는 것처럼 이웃을 대해야 한다. 이러한 모든 것은 그리스도로부터 흘러나와 우리에게 들어왔고 지금도 흘러들어오고 있다. 그리고 그리스도께서는 마치 그분 자신이 우리인 것처럼 우리를 수용하시고 우리를 위해 행동하셨다. 마찬가지로, 그 모든 좋은 것이 우리로부터 흘러나와 그것을 필요로 하는 사람들에게 흘러 들어간다. 따라서 이웃의 죄들을 덮고 이 죄들에 대해 은혜를 간구하기 위해, 나의 믿음과 의가 하나님 앞에 세워져야 한다. 나는 이 죄들을 마치 내 것인 것처럼 짊어져야 하고, 이 죄들을 극복하기 위해 종처럼 애써야 한다. 왜냐하면 그리스도께서 우리에게 그렇게 행하셨기 때문이다. 이것이 바로 진정한 사랑이요, 그리스도인의 삶의 진정한 규범이다. 참되고 진실한 믿음이 있는 곳에, 사랑은 참되고 진실하다. 그러므로 사도 바울은 고린도전서 13장 5절에서 사랑은 자기의 유익을 구하지 않는다고 말한 것이다.

IV. 결론

30. 이제 결론을 맺고자 한다. 그리스도인은 자기 자신 안에서 살지 않고 그리스도와 이웃 안에서 산다. 그렇지 않다면, 그는 그리스도인이 아니다. 그는 믿음을 통해 그리스도 안에서 살고, 사랑을 통해 이웃 안에서 산다. 그리스도인은 믿음을 통해 자기 자신을 넘어 올리어져 하나님께로 인도되며, 사랑을 통해 다시 자기 자신 아래로 내려가 이웃에게로 낮아진다. 그럼에도 불구하고 그는 항상 하나님과 하나님 사랑 안에 머문다. 이는 그리스도께서 요한복음 1장 51절에서 "진실로 너희에게 말하노니 이후로 하늘이 열리고 하나님의 천사들이 인자 위에서 오르락내리락하는 것을 보게 될 것이다"라고 말씀하신 것과 같다.

이것으로 자유에 대한 설명은 충분할 것이다. 당신이 보다시피 이 자유는 영적이고 참되며, 우리의 마음을 모든 죄와 율법과 계명들로부터 자유하게 한다. 이는 바울이 디모데전서 1장 9절에서 "의로운 자에게는 율법이 주어지지 않았다"라고 말한 것과 같다. 이 자유는 마치 하늘이 땅보다 뛰어난 것처럼 모든 외적인 자유보다 훨씬 뛰어난 것이다. 그리스도께서 우리로 이 자유를 깨닫게 하시고 또한 그것을 유지할 수 있게 해주시를 기원한다. 아멘.

V. 부록

그리스도인 자유의 왜곡 형태

지금까지 말한 내용을 오해하여, "왜곡하지 말라"는 말 외에는 달리 말할 것이 없는 이들을 위해 이들이 이것을 이해할 수 있는 한 몇 마디 첨부하여 말하고자 한다. 믿음의 자유에 관해 듣자마자, 이 자유를 육신을 위한 구실로 변질시키는 자들이 얼마나 많은가! 그들은 즉시 모든 것이 자신들에게 허락되었다고 생각하고 의식 ceremony, 전통, 그리고 인간의 법을 경멸하고 비난하는 것을 통해서만 자신이 자유한 존재이고 그리스도인임을 보이려고 한다. 그들이 자신을 그리스도인이라고 생각하는 근거는 다음과 같다. 특정한 날에 금식하지 않거나, 다른 사람들이 금식할 때 자신은 고기를 먹거나, 또는 관례적인 기도를 포기하고 인간의 규정들을 방자하게 조소하기 때문이라는 것이다. 그들은 이것을 믿음의 자유라고 생각하면서 참된 기독교에 속하는 그 밖의 모든 것을 소홀히 한다.

그러나 다른 한편에서는 오직 의식을 준수하고 존중하며 실행함으로 구원받고자 노력하는 자들이 이들에게 완강하게 저항한다. 이들이 구원받은 근거로 생각하는 것은, 특정한 날에 금식하거나 고기 음식을 먹지 않거나, 또는 특정한 기도를 드리기 때문이라는 것이다. 그들은 교회와 교부들의 계명을 자랑하면서도 우리의 진정한 믿음의 일에 대해서는 추호도 관심이 없다. 이 두 무리 모두 분명하게 잘못하고 있는 것이다. 왜냐하면 그들은 중요하고 구원에 필수적인 것은 소홀히 하면서 사소하고 구원받는데 필요하지 않은 것에 대해서는 그토록 시끄럽게 싸우기 때문이다.

사도 바울이 "먹는 자는 먹지 않는 자를 업신여기지 말고 먹지 않는 자는 먹는 자를 비판하지 말라"롬 14:3라고 하면서 중도의 길을 가도록 가르치고 양편을 모두 정죄한 것은 얼마나 옳은 일인가! 당신은 여기서 경건 때문이 아니라 단지 경멸하기 때문에 의식들을 무시하고 꾸짖는 자들이 책망받는 것을 볼 수 있다. 사도는 "지식은 사람을 교만하게 한다"라고 하면서 어떤 사람[먹지 않는자]도 멸시하지 말라고 가르치고 있다. 고전 8:1 다시금 그는 반대편, 즉 의식을 고수하는 사람들에게 의식을 경멸하는 자들을 정죄하지 말라고 가르친다. 두 편 모두 서로 간에 세워주는 사랑을 하지 않고 있다. 여기에서 우리는 "좌로나 우로나 치우치지 말고"민 28:14 "마음을 기쁘게 하는"시 19:8 "주님의 바른 명령들을 따르라"라고 가르치는 성서를 경청해야 한다. 어떤 사람도 의식의 행위와 관례에 복종하고 몰두하기 때문에 의로운 것이 아닌 것처럼, 어떤 사람도 그것들을 포기하고 멸시한다는 이유만으로 의롭다고 여겨지는 것은 아니다.

행위에 대한 망상으로부터의 자유
우리는 그리스도에 대한 믿음을 통해 행위로부터 자유로워지는 것이 아니라, 행위에 대한 망상, 즉 행위를 통하여 칭의를 얻고자 하는 어리석은 오만으로부터 자유로워지는 것이다. 믿음은 우리의 양심을 해방시키고 정결하게 하고 유지시킨다. 비록 우리가 먹을 것과 마실 것 없이는, 그리고 죽을 수밖에 없는 이 육신을 위한 모든 노력 없이는 존재할 수 없는 것처럼 행위라는 것은 없을 수도 없고, 없어서도 안 될지라도, 의는 행위로부터 나오지 않는다는 사실을 우리는 믿음을 통하여 깨닫게 된다. 우리의 의가 행위에 있지 않고 믿음에 있다고 해서 행위들이 멸시되거나 소홀히 여겨져서는 안 된다. 우리는 이 세상에서 육신으로 살 수밖에 없기 때문에 그러한 것[행위]에 매여 있지만, 그런 행위로 의롭게 되지 않는다. "나의 나라는 이곳으로부터 또는 이 세상으로부터 온 것이 아니다"요 18:36라고 그리스도께서는 말씀하신다. 그러나 "나의 나라는 이곳이나 이 세상 안에 있지 않다"라고 말씀하시지는 않으셨다. 그리고 바울도 고린도후서 10장 3절에서 "우리는 육신 안에 살지만[육신으로 행하지만], 육신적인 방식으로[육신에 따라] 싸우지 않는다"라고 말한다. 또한 갈라디아서 2장 20절에서는 "내가 육 안에서[육체 가운데] 사는 것은 하나님의 아들을 믿는 믿음 안에서 사는 것이다"라고 말한다. 그러므로 우리가 의식을 행하며 살고 존재하는 것은 이생의 삶을 유지하고 육신을 제어하기 위해서 필수불가결하다. 하지만 우리는 이것들을 통하여 의롭게 되는 것이 아니라, 하나님의 아들을 믿는 믿음을 통하여 의롭게 된다.

중도의 길

그러므로 그리스도인은 중도의 길을 걸어가야 하고, 위에서 말한 두 종류의 사람을 다 주의해야 한다. 한 부류는 의식[교회의 계명]을 고집스럽고 완고하게 지키고자 하는 사람들이다. 이들은 귀먹은 독사처럼 자유에 대한 진리를 들으려 하지 않고, 오히려 자신들의 의식들을 마치 칭의를 이룰 수 있는 것으로 자랑하며 사람들에게 이것들을 지키도록 명령하고, 믿음 없이 의식들을 고수한다. 과거의 유대인들이 그런 자들이었는데, 그들은 어떻게 적절하게 행동해야 하는지 이해하고자 하지 않았다. 우리는 그런 이들에게 저항해야 하되, 그들이 행하는 것과 정반대로 행해야 하며 강하게 저항해야 한다. 이들이 위에 말한 신성모독적인 망상을 통해 많은 사람을 속이지 못하도록 말이다. 이들의 눈앞에서는 고기를 먹고, 금식을 어기고, 그들이 큰 죄로 여기는 믿음의 자유에 관련된 다른 일들을 행하는 것이 옳다. 그리고 이들에 대해 이렇게 말해야 한다. "그냥 두어라, 그들은 소경이며 소경을 인도하는 자로다." ^{마 15:14} 이러한 이유로 바울은 사람들이 원한 것처럼 디도가 할례받기를 원치 않았던 것이다. ^{갈 2:3} 그리고 그리스도 역시 사도들이 안식일에 이삭을 땄을 때 그들을 변호했던 것이다. ^{마 12:1 이하} 이와 유사한 예들은 많다.

다른 한 부류는 사도 바울이 말한 것처럼^{롬 14:1} 순진하고 배우지 못하고 믿음이 연약한 자들이다. 우리는 믿음의 자유를 원하지만 이것을 아직 이해할 수 없는 이런 이들이 상처받지 않도록 주의해야 한다. 그리고 이들이 가르침을 충분히 받을 때까지 이들의 연약함을 참고 견디어야 한다. 이들은 완고한 사악함으로 그렇게 생각하고 행하는 것이 아니라, 단지 믿음이 연약해서 그렇게 하는 것이기 때문이다. 그러므로 이들이 실족하지 않도록 금식을 지키고 이들이 필수적이라고 여기는 다른 것들을 지켜야 한다. 이것은 아무도 상처 주지 않고 모든 사람을 섬기는 이웃사랑의 마음을 요구한다. 그들이 연약한 것은 그들 잘못이 아니라 그들 영혼의 목자들 잘못이다. 그 목자들은 전통이라는 올무와 무기로 그들을 묶고 심하게 학대했다. 믿음이 연약한 이들은 믿음과 자유에 대한 가르침을 통하여 이것들로부터 해방되고 치유되었어야 했으나 그러지 못했다. 그래서 사도 바울은 이렇게 말한다. "음식이 형제에게 걸림돌이 된다면, 나는 영원히 고기를 먹지 않겠다." "내가 주 예수 안에서 확신하노니 어떤 것도 스스로 거룩하지 않은 것이 없으되 그것을 거룩하지 않은 것으로 여기는 자에게만 거룩하지 않다." 롬 14:14 "그것은 거리끼는 양심으로 먹는 자에게는 악한 것이다." 롬 14:20

그러므로 위에서 말한 전통 고수주의자들에게는 용감하게 저항해야 하고, 교황이 하나님의 백성을 혹사시키는 근거가 되는 율법은 날카롭게 비판해야 한다. 한편 저 사악한 폭군들이 이 율법을 가지고 포로로 잡은 소심한 군중은, 이 속박으로부터 해방될 때까지 관대히 봐주어야 한다. 그러므로 이리들에게는 적극적으로 대항하라. 그러나 양 떼를 위해서 싸우되 동시에 양 떼를 공격해서는 안 된다. 당신이 율법과 입법자들을 비난할때, 그리고 믿음이 연약한 자들이 스스로 폭군을 식별하고 자신의 자유를 이해하게 될 때까지 연약한 자들에게 거리낌을 주지 않도록 그들과 더불어 그 율법을 지킬 때, 당신은 양들을 위해 싸우는 일을 하는 것이다. 만일 당신이 자유를 사용하기 원한다면, 바울이 로마서 14장 22절에서 "네가 갖고 있는 믿음을 하나님 앞에서 간직하라"라고 말하는 것처럼 은밀하게 그렇게 행하라. 그러나 연약한 자들 앞에서는 믿음을 사용하지 않도록 주의하라. 반면에 폭군들과 완고한 자들 앞에서는 그들에 대한 멸시를 보여주기 위해 믿음을 매우 확고하게 사용하라. 이는 그들도 자기 자신이 신성모독자들이라는 것과 그들의 율법이 의를 얻기에는 전혀 무익하다는 것과 심지어 그들은 그런 율법을 공포할 권리가 없다는 사실을 인식하도록 하기 위함이다.

의식과 행위의 의미

이 세상의 삶은 의식儀式과 행위들 없이는 영위될 수 없다. 특히 성미가 급하고 미숙한 젊은이들은 이러한 속박을 통하여 훈련되고 제어될 필요가 있고, 또한 각자 자신의 육신을 이러한 노력을 통하여 억제해야만 한다. 그러므로 그리스도의 종은 영리하고 믿음 안에서 신실하여 모든 것에 있어 그리스도의 백성을 잘 인도하고 가르쳐야 한다. 그리하여 그리스도인들의 양심과 믿음이 손상되지 않도록 하고, 또한 바울이 히브리인들에게 이미 경고한 대로 망상이나 "쓴 뿌리가 생겨 많은 사람이 이를 인하여 더럽게 되지"히 12:15 않도록 해야 한다. 다시 말해, 그들은 믿음을 소멸시켜서는 안 되고, 행위를 통하여 의롭다함을 받아야 하는 것처럼 행위에 대한 망상으로 자신을 더럽혀서는 안 된다. 이러한 잘못된 일은 믿음이 철저하게 가르쳐지지 않을 때 쉽게 일어나고 대부분의 사람들을 더럽힌다. 지금까지 우리 교황들이 가르쳐온 건전치 못하고 신성모독적이며 영혼을 죽이는 전통들과 가련한 신학자들의 잘못된 가르침을 통하여 이루어진 것처럼, 믿음에 대해서는 침묵하고 인간의 율법만을 가르치면 이런 일은 절대로 피할 수가 없다. 셀 수도 없이 많은 영혼이 이 올무에 묶여 지옥으로 끌려갔기에 당신은 적그리스도가 하는 일을 인식할 수 있을 것이다.

간단히 말해, 부요함 속에서 청빈이, 장사할 때 정직성이, 영예롭게 될 때 겸손이, 잔칫상을 차릴 때 검소함이, 즐거움 속에서 순결이 위험에 처하게 되듯이 믿음의 의는 의식 가운데서 위험에 처하게 된다. 솔로몬은 잠언 6장 27절에서 "사람이 불을 품에 품고서야 어찌 그의 옷이 타지 아니하겠느냐"라고 묻는다. 하지만 사람은 부와 장사와 상거래와 명예와 즐거움과 잔치 가운데에서 살아야만 하는 것처럼 또한 의식 가운데서, 즉 위험 가운데서 살 수밖에 없다. 다시 말해, 어린아이가 다치지 않도록 보모의 품 안에서 양육되고 돌봄을 받는 것은 지극히 필요한 일이지만, 아이들이 성장하였는데도 그 보모 아래 머문다면 이는 그들의 구원에 위험이 된다. 이와 마찬가지로, 충동적인 연령의 미숙한 젊은이들은 그들의 자제심 없는 마음이 악습에 넘어지지 않도록 엄격한 의식으로 억제되고 훈련받는 일이 필요하다. 그러나 그들이 잘못된 생각 때문에 그 의식들을 통하여 의롭다함을 받는다는 생각을 고집한다면, 이는 그들에게 죽음일 것이다. 그들은 의식들을 통하여 의롭게 되고 많은 공로를 쌓도록 의식의 굴레에 놓여있는 것이 아니라, 오히려 그들이 악을 행하지 않고 믿음의 의에 보다 쉽게 도달될 수 있도록 하기 위한 것이라고 잘 교육받아야 한다. 이러한 것은 이들이 격렬한 충동 때문에 강제로 하게 하지 않는다면 성취될 수 없을 것이다.

보조시설의 의미

그리스도인의 삶에 있어서 의식은 수공업자나 예술가에 있어서 짓고 세우는 데 도움이 되는 작업보조 시설과도 같은 역할을 한다. 이 보조물은 그 자체가 본체이거나 건물의 영구적인 부분은 아니지만, 이것 없이는 건물을 짓거나 작업을 진행할 수 없기에 만들어진 것이다. 작업이 완성되면 보조시설은 철거된다. 여기서 당신은 보조시설이 멸시의 대상이 아니라, 오히려 작업에 매우 필요한 것이라는 사실을 알 수 있을 것이다. 누구도 그 보조시설이 참되고 영구적인 작품이라고 생각하지 않을 것이다. 만약 누군가가 매우 어리석어서 이 보조물에 가능한 한 많이 투자하며 관심을 기울이고 끊임없이 세우는 일에만 평생 주의를 기울이고, 정작 작품 자체에 관해서는 전혀 생각조차 하지 않고 이 헛된 작업보조물과 버팀목 자체에만 만족하며 자신의 행위를 자랑한다면, 모든 사람이 그의 어리석음을 불쌍히 여기며 "이런 헛된 투자 대신에 큰 것을 건축할 수 있지 않았겠는가?"라고 말할 것이다. 우리는 의식과 행위들을 멸시하는 것이 아니라, 행위에 대한 망상을 멸시하는 것이다. 의식이나 행위가 참된 의라고 생각하지 않도록 해야 한다. 그것을 참된 의라고 생각하는 것은 위선자들이 행하는 일인데, 이들은 인생 전체를 이런 연습들로 채워서 인생을 망치고, 끝내 그러한 노력이 이루고자 하는 목표에 도달하지 못한다. 이들은 사도 바울이 "저들은 항상 배우나 끝내 진리를 아는데 도달하지 못한다" 딤후 3:7고 말한 자들과 같다. 그들은 집을 짓기 원하는 것처럼 보이고 준비를 하는 것처럼 보이지만, 집을 결코 짓지 못한다. 그들은 경건의 외양은 갖고 있으나 경건의 능력에는 결코 이르지 못하게 되는 것이다. 딤후 3:5 참조

인간의 이성으로는 믿음의 자유를 이해할 수 없다

만약 그들이 무의미한 낭비와 하나님께서 주신 은사들을 오용하는 대신 믿음으로 충만했더라면, 자신과 다른 사람들의 구원을 위하여 큰 일을 할 수 있었을 것이다. 그럼에도 불구하고, 그들은 이러한 노력에 만족해하고, 심지어 그와 비슷한 화려한 행위들로써 뛰어나 보이지 않는 다른 모든 사람을 감히 정죄하고자 한다. 인간의 본성과 소위 자연적인 이성은 본질상 미신적[맹신적]이어서 어떤 율법과 행위들이 제시되면, 이 율법과 행위들을 통하여

칭의를 얻게 된다고 쉽게 생각해 버리는 성향이 있다. 게다가, 인간의 본성은 이 세상의 모든 율법 제정자들의 오랜 관습을 통하여 이러한 의미로[행위에 의한 칭의라는 잘못된 생각으로] 훈련되고 견고해졌기 때문에, 인간의 본성과 자연적 이성이 스스로 행위의 노예 상태로부터 자유하게 되어 믿음의 자유를 깨닫게 되기란 불가능하다. 그러므로 주님이 우리를 인도해 주시고 "theodidactos" 즉 하나님에 의해 가르치심을 받도록 해주시고요 6:45, 또한 하나님께서 약속하신 대로 하나님께서 손수 율법을 우리 마음에 쓰시도록 기도가 필요하다. 렘 31:33 그렇지 않으면, 우리에게 희망은 없다. 하나님께서 손수 비밀 가운데 숨겨져 있는 이러한 지혜를 내적으로 가르쳐 주시지 않으면, 인간의 본성은 이 지혜를 단지 저주하고 이단적인 것으로 여길 뿐이기 때문이다. 인간의 본성은 하나님의 지혜를 불쾌해하며 하나님의 지혜를 어리석은 것으로 간주한다. 우리는 이같은 것을 과거에 선지자들과 사도들이 이미 경험한 바에서 볼 수 있고, 지금은 신성모독자들과 눈 먼 교황들이 아첨꾼들과 더불어 나와 나의 추종자들에게 행하는 것에서도 볼 수 있다. 하나님께서 우리와 더불어 이들에게 자비를 베풀어 주시기를 빈다. "그의 얼굴을 비추사 우리가 땅 위에서 주의 길을 깨달아 알게 하시고 주의 구원을 만민에게 알리소서." 시 67:1-2 "주님은 영원히 찬송을 받으시옵소서." 고후 11:31 아멘.

주후 1520년.

III

『불의한 재물에 관한 설교』

루터의 신학은 성서 강해라는 특징을 갖는다. 그의 신학적인
사고가 성서를 강해하면서 전개되었기 때문이다. 성서의 강해로
부터 얻은 루터 신학의 핵심이 '오직 믿음으로의 칭의'라는 사실
은 이미 널리 알려져 있다. 하나님의 약속은 어떤 조건도 없이 인
간에게 적용되고 인간은 하나님의 약속을 단지 신뢰하기만 하면
된다. 이것이 루터가 말하는 믿음이다. 하나님 약속에 대한 믿음
은 그리스도인의 삶의 시작부터 마지막 날까지 적용된다. 따라서
인간의 윤리적인 행위는 칭의와 구원에서 전혀 설 자리가 없다.
하지만 다른 한편으로 행위는 믿음의 열매이자, 믿음과 내적인
연관성을 갖고 있다. 왜냐하면 행위는 믿음에서 비롯되며 믿음에
의존하기 때문이다.48)

그러므로 '오직 믿음으로의 칭의'라는 루터 신학의 핵심과 더불
어 기억해야 할 사실은, 믿음과 행위의 관계 역시 루터 신학의 중
심 내용과 구조에 해당한다는 점이다. 루터는 1536년 『칭의에 관
한 토론』*Disputatio de iustificatione*에서 칭의에 있어 행위가 갖는 의미를
다음과 같이 제한적으로 주장하였다.

'구원을 위해 우리의 복종이 필요하다. 그것은 칭의 근거의 일
부분에 해당한다'라는 논증에 대해 나는 다음과 같이 답한다. 우
리에게 칭의의 원인이 아니며 의롭게 하지도 못하지만 필요한 것

들이 많다. 가령 땅은 필요한 것이지만 우리를 의롭게 하지 못한다. 죄인이 구원받고자 한다면, 그가 존재해야 한다. '당신 없이 당신을 만드신 분은 당신 없이 당신을 구원하시지 않을 것이다'라고 어거스틴이 말한 것은 타당하다. 행위는 구원에 필요하지만, 행위가 구원을 가져다 주는 것은 아니다. 왜냐하면 믿음만이 생명을 주기 때문이다. 위선자들을 위해 우리는 다음과 같이 말해야 한다. '선행 역시 구원을 위해 필요하다.'49)

이것은 루터에게서 오직 믿음으로의 칭의가 순수하게 유지되면서도, 행위 역시 믿음과 구원과 관련이 있음을 보여준다. 루터학자 융한스H. Junghans는 행위의 의미에 대해 타당하면서도 우리의 관심을 끄는 언급을 하였다. "이웃 사랑[행위]이 넓은 의미에서 루터의 칭의론의 구성요소이며 그의 설교와 작품에서 높은 가치를 갖고 있음에도 불구하고 그 사실이 루터의 신학을 묘사할 때 자주 간과되고 있다."50)

사실 성서에는 루터가 종종 언급한 '행위에 관한 구절들'loci de operibus, 즉 행위에 의한 의를 선포하는 것처럼 보이는 구절들이 많다. 이러한 구절들은 믿음에 의한 칭의를 선포하거나 이를 받아들이는 자들을 매우 곤란하게 한다. 또한 이신칭의를 비판하는 적대자들로부터 오히려 공격을 받게 하기에 적합하다. 그래서 루터는 오직 믿음으로 의롭게 한다는 사실에 반대되는 것으로 보이는 성서구절들에 대한 해석과 설교에 힘썼다.51)

행위에 관한 의를 가르치는 것처럼 보이는, 그래서 루터가 관심을 두고 설교한 성서 구절 가운데 하나가 누가복음 16장 1–12절의 불의한 청지기 비유이다. 이것은 신약성서에서 해석하기 어려운 비유 중의 하나이다. 특히 해석의 어려움에 부딪히게 되는 구절은 "내가 너희에게 말하노니 불의의 재물로 친구를 사귀라 그리하면 그 재물이 없어질 때에 그들이 너희를 영주할 처소로 영접하리라"9절이다. 이 구절은 전통적인 주석에서 '성인聖人들의 위로와 도움'과 연관 지어 해석되기도 하였다.52) 루터는 1522년 8월 17일 설교에서 이 구절에 대한 세 가지 질문을 던진다. 첫째, 이 구절은 행위의 의를 주장하고 있는가? 둘째, 왜 이 구절에는 믿음에 대해서는 전혀 언급이 없고 단지 행위에 대해서만 언급하고 있는가? 셋째, 이 구절은 성자들의 도움을 인정하는가? 에 대한 것이다.53) 이 성서 구절은 마치 루터의 가르침과 다르고 중세 로마 교회의 편에 서 있는 것처럼 보였던 것이다.

그리스도께서 행위의 의를 설교한 것처럼 보이는 이 난해한 구절을 루터는 신학적–주석적인 문제점에 초점을 맞춰 자주 설교하였다. 이를 통해 행위의 의를 가르치는 것으로 보이는 성서 구절들단 4:24; 마 6:20; 마 12:37; 마 19:17; 마 25:31 이하; 눅 6:38; 눅 11:41 등을 올바르게 주석해 내었다.

행위를 강조하는 성서 구절들을 어떻게 이해할 것인가 하는 문제는 루터뿐만 아니라 오늘날 그리스도인에게 중요하다. 루터는 우리가 행위에 관하여 가르치는 성서의 본문을 어떻게 이해해야 하며, 그러한 성서 구절이 오직 믿음으로의 칭의라는 기독교의 기본진리와 모순되지 않는다는 사실을 설교하고자 했다.

...

누가복음 16장 1-12절에 관한 설교를 통하여 성서 주석가이자 설교가인 루터가 성서를 어떻게 해석하였는지, 특히 그의 신학의 중심인 칭의론과 모순되어 보이는 성서 구절들을 자신의 기본적인 통찰과 어떻게 조화시켰는지를 파악할 수 있다. 역자가 번역한『불의한 재물에 관한 설교』는 루터가 1522년 8월 17일에 행한 설교를 스스로 편집하여『불의한 맘몬에 관한 설교』*Eyn Sermon von dem vnrechten Mammon*라는 제목으로 비텐베르크의 요한 라우 그루넨베르크Joahnn Rhau-Grunenberg에서 출판한 설교 소책자이다. 이 설교는 루터의 이름으로 총 11번 재판될 정도로 많은 인기를 얻었다. 또한『불의한 재물에 관한 설교』를 영국의 종교개혁가 틴데일William Tyndale이 수용하면서 더욱 커다란 영향을 끼쳤다. 그는 루터의 설교를 토대로 1528년『사악한 맘몬의 비유』*Parable of the Wicked Mammom*를 썼는데, 이것은 종교개혁의 칭의론에 관하여 영어로 쓴 첫 번째 해설 작품이 되었다.[54]

루터는 설교의 도입 부분에서 이 설교의 필요성을 언급한다. 여러 설교와 작품에서 '오직 믿음'sola fide으로 의롭게 되며 그 열매로 선행을 한다고 전했지만, 이러한 가르침을 바르게 받아들이고 믿는 자들은 소수이며, 이 소수의 사람마저도 선행을 강조하는 성서의 구절들가령 눅 16:9; 마 25:42 등 앞에서 겁을 먹고 불안해한다는 것이다. 그는 누가복음 16장 9절에 근거하여 중세 로마 가톨릭교회가 주장하는 행위의 의를 비판하고, 이러한 믿음과 양심이 약한 자들을 위해 믿음과 행위의 본질과 바른 관계를 설교하는 것이 필요하다고 보았다. 그러므로 이 설교문은 믿음과 행위선행의 관계에 대한 루터의 신학을 엿보는데 매우 적절한 작품이다.

루터는 '오직 믿음'을 근거로 한 믿음의 본질과 능력을 강조하면서도 결코 행위를 무시하거나 소홀히 여기지 않았다. 그의 설교는 믿음과 행위의 관계를 다음과 같은 내용으로 다루고 있다.

1) 행위는 믿음의 열매이다.

2) 행위는 믿음을 보여주고 판단하는 척도이다.

3) 행위는 그리스도인 스스로 확신을 위해 필요하다.

결국, 루터는 참된 선행을 다음과 같이 이해한다. "모든 행위는 자유롭고 아무 대가 없이 이루어져야 하며 행위를 통해 유익을 구해서는 안 된다." 여기서 루터는 재물로 친구를 얻으면 그가 영접할 것이라는 누가복음 16장 9절이 약속하는 것처럼 보이는 보상상급 문제를 다룬다. 이 구절은 마치 행위로 하늘나라를 보상받을 수 있다고 말하는 것처럼 보이기 때문이다. 그러나 루터의 보상 이해에 따르면, 죄와 악한 삶에는 추구하지 않을지라도 그 보상으로 지옥과 죽음이 자연적으로 뒤따라오듯이, "선한 삶으로부터도 그에 대한 보상이 추구하지 않아도 뒤따라온다"는 것이다. 루터에게 있어 보상은 추구하는 것이 아니라, 열매이자 결과이다. 보상은 추구하지 않아도 믿음과 선행의 결과로 자연스럽게 주어지는 것이다.

누가복음 16장 9절에 대해 루터는 그리스도인은 믿음을 통하여 내적으로 하나님 앞에서 의롭고 하나님의 친구이기 때문에, 하늘에 이르기 위해 다른 어떤 행위도 필요로 하지 않는다고 보았다. 그런데 그리스도께서 재물로 친구를 사귀라는 선행을 명하신 것은, 믿음과 이를 통해 얻은 내적인 의를 외적인 바른 행동으로, 선행으로, 사랑의 행위로 입증하라는 뜻이다. 그렇게 함으로 행위자는 믿음을 확신하게 되고 가난한 자들을 친구로 얻게 된다. 바로 이 친구들이 자신의 경험에 근거해 그리스도인의 믿음이 사랑 안에서 증명된 것을 심판대 앞에서 증언하고, 이를 통해 행위자가 하늘에 이르도록 돕는다는 것이다.

불의한 청지기 비유에 대한 루터의 설교는 그의 성서해석 방법과 해석학적 원칙을 분명하게 보여준다. 루터의 해석학적 기본 원칙은, 문제가 되는 개별적인 구절은 복음적인 내용의 전체적인 기조에서, 다시 말해 성서의 전체 교리와 각 성서의 전체 맥락에서 이해하고 해석해야 한다는 것이다. 결국 그는 행위의 의를 가르치는 것으로 보이는 누가복음 16장 9절을 성서 전체의 맥락인 칭의론으로 이해하며 전형적인 칭의론에 관한 말씀으로 이해하였다. 여기서 루터는 이신칭의를 가르치는 성서 구절과, 이를 반대하는 것처럼 보이는 성서의 많은 구절을 인용하며 논증과 반박을 통하여 오직 믿음으로의 칭의론이 성서에 온전히 일치하는 교리임을 강조하였고, 동시에 행위와 참된 선행의 본질과 의미를 부각해 설교하였다. 루터는 무엇보다도 믿음^{나무 ->} 선행^{열매}이라는 도식에 근거하여, 행위를 강조하는 성서의 구절들을 소위 제유법^{per synecdoche}으로, 다시 말해 믿음과 행위의 맥락의 한 부분을 표현한 것으로 이해함으로써 그 구절들이 칭의론을 옹호하고 있다고 결론지었다.[55)]

이 설교는 오직 믿음으로 의롭다함을 받는다는 루터의 칭의론을 중심으로 믿음과 행위의 바른 관계를 다루면서 행위가 칭의론에서 갖는 중요성과 의미를 선포하는 전형적인 종교개혁적인 신학을 담고 있다. 루터는 '오직 믿음'을 주장했지만, 동시에 그에게 여전히 중요한 것은 믿음으로부터 행위가 나온다는 점과, 믿음과 행위는 분리될 수 없이 서로 속해 있다는 사실이다. 이 설교야말로 루터의 칭의론을 피상적으로, 그리고 '오직 믿음'의 주장을 정확히 이해하지 못하여 마치 루터가 선행을 소홀히 했다고 주장하는 상황에서 한국교회와 성도들이 귀 기울여 들어야 할 가치가 있는 부분이다.

참고 및 추천도서

WA 10III,283—292.

"Ein Sermon von dem unrechten Mammon." D. Korsch ed. *Deutsch—Deutsche Studienausgabe. Vol. 1: Glaube und Leben*. Leipzig: Evangelische Verlag-sanstalt, 2012, 501—523.

W. von Loewenich. *Luther als Ausleger der Synoptiker*. München: Chr. Kaiser, 1954.

권진호. "루터의 선행 이해 – '불의한 맘몬에 관한 설교' (1522)를 중심으로." 「신학과 현장」 28 (2018), 65–88.

권진호. "종교개혁 초기의 설교소책자." 「신학사상」 157 (2012), 269–298.

루터 작품

성경 본문: 누가복음 16장 1-9절

들어가는 말

저는 지금까지 여러 설교집Postille과 소책자에서 그리스도인의 자유와 선행에 관하여 가르쳤습니다. 즉, 행위가 아니라 오직 믿음만이 의롭다함을 얻게 하며, 그 이후에 선행을 하게 된다고 자세하게 전했습니다. 그래서 앞으로 그 내용에 관하여 말하기 보다는, 모든 사람에게 복음서 전체를 이해하고 해석할 수 있는 여지를 주는 것이 적절해 보입니다. 그럼에도 불구하고 제가 느끼는 사실은 이러한 내용[이신칭의]이 단지 소수에게서만 수용되고 전개되며, 심지어 이 소수의 사람들조차 선행에 관하여 말하는 말씀 앞에서 겁먹고 불안해한다는 것입니다. 이러한 사실로부터 저는 모든 복음서를 설교집의 형태로 강해하거나, 이 복음서들을 구술로 해석하고 가르치는 이해력 좋은 설교가들을 곳곳에 세우는 것이 필요하다고 생각합니다.

믿음의 가르침과 오해

오늘의 말씀은 성령 없이 이성으로만 숙고된다면, 사제와 수도사들의 복음이며 이들 자신의 탐욕과 행위를 격려하는데 적합

한 것이 될 것입니다. 왜냐하면 그리스도께서 "불의의 재물로 친구를 사귀라 그리하면 너희가 곤란을 당할 때 그들이 너희를 영원한 처소로 영접할 것이라"고 말씀하실 때, 그들은 이 본문으로부터 믿음에 관한 우리의 가르침에 반대하는 세 가지 사항을 강조할 것이기 때문입니다. 믿음에 관한 우리의 가르침은 다음과 같습니다. 첫째는 오직 믿음만이 의롭다 함을 받게 하고 죄로부터 자유케 한다는 것입니다. 둘째는 모든 선행은 이웃에게 자발적인 사랑으로 값없이 이루어져야 한다는 것입니다. 셋째는 우리는 결코 성자들과 다른 공로에 의지해서는 안 된다는 것입니다.

그들이 우리의 첫째 가르침에 제기하는 이의는, 여기서 "불의한 재물로 친구를 사귀라"라고 주님이 말씀하신 것은 우리가 전에 적이었던 자들을 행위[선행]를 통해 우리의 친구로 만들어야 한다는 의미라는 것입니다. 둘째 가르침에 대해서는, 주님이 "그들이 너희를 영원한 처소로 영접하리라"고 말씀하신 것은 바로 우리가 선행을 우리 자신의 유익을 위해, 우리를 위해 행해야 한다는 의미라고 그들은 이의를 제기합니다. 셋째에 대해서는, 주님이 "친구들이 우리를 영원한 처소로 영접할 것이다"고 말씀하신 것은 우리가 장차 하늘나라를 위해 성자들을 섬기고 신뢰해야 한다는 의미라는 이의가 제기됩니다. 저는 이러한 이의들에 대해 믿음이 약한 자들을 위해 대답하고자 합니다.

오직 믿음이 우리를 의롭게 하고 하나님의 친구로 만든다

첫째, 우리의 대답은 오직 믿음만이 의롭게 하고 우리를 하나님의 친구로 만든다는 것입니다. 우리가 확고부동한 근거로 삼아야 하는 것은, 행위나 공로가 아니라 바로 믿음이 인간을 하나님과 화해시키며 의롭게 만든다는 사실입니다. 이는 바울이 로마서 3장 28절에서 말하는 바와 같습니다. "그러므로 사람이 의롭다 하심을 얻는 것은 율법의 행위에 있지 않고 믿음으로 되는 줄 우리가 인정하노라." 또한 아브라함이 믿음을 통해 의롭다 여김을 받았으니 우리도 그렇게 된다고 말씀하는 로마서 4장 3절, 그리고 우리는 믿음을 통하여 의롭다 하심을 받고 하나님과 평안을 누린다는 로마서 5장 1절, 그리고 사람이 마음으로 믿어 의에 이른다는 로마서 10장 10절이 이와 같은 의미입니다. 우리는 이 말씀들과 다른 말씀들을 더욱 확고하게 붙들어야 하고, 행위가 아니라 온전히 믿음으로만 죄의 용서와 칭의가 이루어진다는 사실을 변함없이 신뢰해야 합니다.

그리스도께서 마태복음 7장 17절에서 좋은 나무가 좋은 열매를 맺고 나쁜 나무가 나쁜 열매를 맺는다고 말씀하신 비유를 한번 생각해 보기 바랍니다. 열매가 나무를 좋게 만드는 것이 아님을 여러분은 알고 있습니다. 오히려 나무는 어떤 열매를 통해서 결정되는 것이 아니라, 모든 열매 이전에 미리 좋거나 나쁘게 되어야 합니다. 또한 그리스도께서 마태복음 12장 33-34절에서 나무를 좋게 하면 열매는 좋게 되고 나무를 나쁘게 만들면 열매는 나쁘게 되는데, 너희는 악하니 어떻게 선한 것을 말할 수 있겠느냐 말씀하신 것과 같습니다. 따라서 인간이 선행을 하기 이전에 먼저 의롭지 않으면 행위를 통해 의롭게 되는 것이 불가능한 것처럼, 사람이 선행을 통해서가 아니라 모든 선행에 앞서 미리 의로워야 한다는 것은 명백한 사실입니다. 그리스도께서 "너희가 악하니 어떻게 선한 것을 말할 수 있겠는가?" 즉 "너희가 악하니 어떻게 선한 것을 행할 수 있겠는가?"라고 말씀하실 때, 그분은 확고한 토대 위에 서 계신 것입니다.

의롭고 선하게 만드는 하나님 말씀

그러므로 우리는 여기서 인간이 선행을 하기 이전에 의롭고 선하도록 하는, 모든 선행보다 더 위대하고 귀한 것이 있어야만 한다는 사실을 부득이하게 추론할 수밖에 없습니다. 이것은 마치 인간이 건강하게 일을 하기 이전에 먼저 육체적으로 건강해야 하는 것과 같습니다. 이렇게 위대하고 귀중한 것은 바로 복음 안에서 그리스도 안에 있는 하나님의 은혜를 설교하고 제공하는 하나님의 고귀한 말씀입니다. 하나님의 말씀을 듣고 믿는 자는 이를 통하여 경건하고 의롭게 됩니다. 그러므로 이것은 생명의 말씀, 은혜의 말씀, 용서의 말씀이라고도 불립니다. 그러나 말씀을 듣지 않거나 믿지 않는 자는 결코 다른 어떤 방법으로도 의롭게 될 수 없습니다. 그래서 베드로는 사도행전 15장 9절에서 "하나님께서는 믿음으로 마음을 깨끗이 하신다"라고 말하는데, 왜냐하면 말씀의 본성처럼, 말씀을 믿고 매달리는 마음도 그렇게 되기 때문입니다. 말씀은 살아 있고, 의롭게 만들고, 참되고, 순전하고, 선합니다.

행위를 촉구하는 말씀에 대한 바른 이해

그렇다면 행위를 엄격하게 촉구하는 말씀들에 대해서 우리는 무엇이라고 말해야 합니까? 주님께서 여기서 "불의한 재물로 친구를 삼으라" 그리고 마태복음 25장 42절에서 "내가 주릴 때에 너희가 먹을 것을 주지 아니하였고" 그리고 이와 유사한 것들을 말씀하실 때, 이러한 말씀들은 모두 우리가 행위를 통해 의롭게 된다고 말하는 것처럼 보입니다. 우리는 이에 대해 다음과 같이 대답하고자 합니다.

믿음의 오해

몇몇 사람들은 복음과 믿음에 관하여 듣거나 읽고 난 이후, 스스로 생각하는 것을 믿음이라고 재빠르게 부르곤 합니다. 그들이 생각하는 믿음이란 자신의 힘으로 소유할 수 있고 선택할 수 있는 어떤 것으로, 인간의 자연스러운 행위로 간주됩니다. 그러므로 마음속으로 가르침이 참으로 옳다고 생각하게 되면, 그들은 믿음이 있다고 즉시 생각할 것입니다. 그러나 만일 자기 자신뿐만 아니라 다른 사람에게서 변화된 모습을 보지 못하거나 느끼지 못하고 변화된 행위가 뒤따르지 않으며 이전처럼 옛 본성에 머물러 있게 되면, 그들은 믿음만으로는 충분하지 못하고 뭔가 더 많고 큰 것이 있어야 한다고 생각할 것입니다.

보십시오, 그들은 이제 다음과 같이 아우성치며 외칩니다. "에이, 믿음 홀로 그것을 하는 것이 아니지 않습니까? 왜 그렇습니까? 믿기는 하지만 전보다 더 많이 행하지 않는 사람들이 많으며, 이들은 결코 이전과 다르게 생각하지 않기 때문입니다." 그렇게 말하는 이들은 유다가 서신에서 꿈으로 스스로를 속이는 공상가라고 부르는 자들과 같습니다. 왜냐하면 그들이 믿음이라고 부르는 생각은 사실 그들 자신의 힘으로, 하나님의 은혜 없이, 마음속에서 만들어낸 꿈이나 모조된 믿음과 다르지 않기 때문입니다. 그들의 마지막은 이전보다 상황이 더 나쁘게 됩니다. 왜냐하면 그들에게는 주님이 마태복음 9장 17절에서 말씀하시는 것처럼 되기 때문입니다. 즉 "그들은 포도주를 낡은 가죽 부대에 채우지만 그것은 터지게 된다." 다시 말해, 그들은 하나님의 말씀을 들으나 그것을 붙잡지 않습니다. 그러므로 그들은 찢어지게 되고 더욱 나쁘게 됩니다.

참된 믿음

그러나 우리가 말하는 참된 믿음은 우리의 생각으로 만들어 낼 수 있는 것이 아니라, 우리의 어떤 협력 없이 우리 안에서 일어나는 순전한 하나님의 역사입니다. 이것은 바울이 로마서 5장 15절에서 말하는 것과 같습니다. "그것은 그리스도에 의해 얻어진 하나님의 은사이고 은혜입니다." 그렇기 때문에 믿음은 매우 강력하고 활동적이고 생동감 있고 부지런한 것으로, 인간을 갱신시키고 두 번 다시 태어나게 하고 아주 새로운 삶의 방식과 존재로 인도합니다. 그래서 믿음이 선을 행하기를 중지한다는 것은 불가능합니다.

왜냐하면 나무가 열매를 맺는 것이 자연스러운 것처럼, 믿음에 선행이 뒤따르는 것은 당연한 것이기 때문입니다. 그리고 우리가 나무에게 열매를 내라고 명령할 필요가 없는 것처럼 바울이 딤전 1:9 에서 말하고 있듯이 믿는 자에게 계명은 주어지지 않았습니다. 그뿐만 아니라, 계명은 믿는 자가 선한 것을 행하기 위해 필요한 것이 아닌데, 왜냐하면 그는 스스로 자유롭고 자발적으로 율법을 행하기 때문입니다. 마치 그가 계명 없이도 스스로 자고 먹고 마시고 옷입고 보고 듣고 말하고 가고 서는 것처럼 말입니다.

이러한 믿음을 갖고 있지 않은 자는 믿음과 행위에 관해 쓸데없이 말하는 수다쟁이일 뿐, 자신이 말하는 것이 무엇인지, 그것이 무엇과 관련되는 것인지 알지 못합니다. 왜냐하면 그는 이러한 경험을 하지 못했기 때문이며, 그는 믿음과 행위에 관하여 말하는 성서를 자신의 꿈과 거짓된 생각에 따라 해석하면서 오히려 거짓된 장난을 일삼기 때문입니다. 그에게 믿음과 행위는 인간의 일에 해당하지만, 성서는 믿음과 선행을 우리의 것이 아니라 오직 하나님의 것으로 돌립니다.

이들이야말로 유혹에 빠진 어리석은 사람 아닙니까? 그들은 우리가 우리 자신으로부터 선행을 하거나 시작할 수 없다고 가르치지만, 하나님의 최고의 역사인 믿음은 잘못된 생각으로 인해 감히 스스로 만들어내고자 합니다. 그러므로 제가 이전에 말했던 것처럼, 우리는 우리 자신에 대해 절망해야 하고, 사도들이 행한 것처럼 하나님께 믿음을 간구해야 합니다. 우리가 믿음을 가지고 있다면, 더 이상 다른 것이 필요하지 않습니다. 왜냐하면 믿음에는 성령이 반드시 함께하기 때문입니다. 성령은 우리에게 모든 것을 가르칠 뿐만 아니라, 또한 강력하게 행하며 죽음과 지옥을 통해 우리를 하늘로 인도합니다.

행위는 믿음의 외적인 증거이자 판단근거이다

이제 위에서 언급된 대답을 다루고자 합니다. 바로 그러한 공상가들과 그들의 허구의 믿음 때문에, 성서는 행위에 대한 말씀들을 담고 있는 것입니다. 우리는 행위를 통해서 의롭게 되어야 한다는 것이 아니라, 행위를 통해 거짓 믿음과 참된 믿음 사이에서 외적인 증거와 판단근거를 갖게 됩니다. 왜냐하면 바른 믿음은 선한 것을 행하기 때문입니다. 믿음이 선행을 하지 않는다면, 그것은 믿음에 관한 꿈이거나 거짓된 망상임에 틀림이 없습니다. 그러므로 다음 사실이 유효합니다. 나무의 열매가 결코 나무를 좋게 만들지 못하지만, 열매는 나무가 좋다는 사실을 외적으로 보여주고 증명합니다. 그리스도께서는 나무마다 열매로 알게 된다고 말씀하십니다. 따라서 여러분은 그들을 또한 그들의 열매로 인식해야 합니다.

이러한 모든 것으로부터 당신은 바른 존재와 바른 존재로 인식되는 것 사이에, 의롭게 되는 것과 의로운 본질을 보여주는 것 사이에 큰 차이가 있음을 알게 됩니다. 믿음은 의롭게 만들지만, 행위는 그 믿음과 의로운 존재를 증명해 줍니다. 성서도 그렇게 사람들에게서 일반적인 것처럼 단순하게 보편적인 말하기 방식을 사용합니다. 가령, 아버지가 아들에게 "가서 이런저런 가난한 자들에게 자비롭고 관대하고 친절해라!"라고 말하는 경우, 이것은 아들에게 자비롭고 관대하고 친절한 자가 되라고 명령하는 것이 아닙니다. 오히려 그 아들은 이미 관대하고 자비롭기 때문에, 아버지가 단지 원하는 것은 아들이 가난한 자들에게 외적인 행동으로 자신의 존재를 드러내 보이고 증명하여, 자신의 본래의 선함을 다른 사람에게 알리고 그들에게 도움을 주라고 말하는 것입니다.

이와 마찬가지로, 당신은 행위에 대한 성서의 모든 말씀 역시 이렇게 해석해야 합니다. 여기서 하나님께서 원하시는 것은, 우리가 믿음으로 이미 받은 의가 자라나고 증명되고 다른 사람에게 유익이 되도록 하는 것입니다. 이것은 그렇게 함으로 거짓 믿음이 깨달아지고 근절되도록 하기 위함입니다. 왜냐하면 하나님께서 누군가에게 은혜를 주신 목적은 은혜가 중단된 상태로 되어 더 이상 아무 유익도 주지 못하게 되는 것이 아니라, 은혜가 자라고 가시적인 고백과 공적인 증언을 통해 각 사람을 하나님께로 이끌도록 하기 위함이기 때문입니다. 이에 대해 그리스도께서도 마태복음 5장 16절에서 말씀하셨습니다. "너희의 빛을 사람들 앞에 비추게 하여 그들이 너희의 선행을 보고 하나님을 찬양하도록 하라!" 그렇지 않으면, 그것은 감추인 보물과 숨겨진 지혜와 같을 것입니다. 이것들이 무슨 유익이 있겠습니까?

행위는 확신을 위해 필요하다

그렇습니다. 그렇게 함으로 의는 다른 사람들에게 알려질 뿐만 아니라, 또한 의가 바르다는 사실을 스스로도 확신하게 될 것입니다. 이것은 베드로가 베드로후서 1장 10절에서 말하는 것과 같습니다. "선행을 통하여 너희 부르심과 택하심을 확신하고 굳게 하도록 노력하라." 행위가 뒤따르지 않으면, 인간은 자신이 바르게 믿고 있는지 알 수 없고, 심지어 그는 자신의 믿음이 단지 꿈에 불과하며 바르지 않다고 생각할 것이기 때문입니다. 아브라함도 창세기 22장 12절에서 그가 자기 아들을 제물로 바친 사실을 통해 자신의 믿음과 하나님 경외함을 확신하게 되는데, 이에 대해 성서는 다음과 같이 말합니다. "네가 네 아들 네 독자까지도 내게 아끼지 아니하였으니, 내가 이제야 네가 경외하는 줄 아노라. 즉 네가 하나님을 경외하고 있다는 사실이 이제 알려졌느니라."

내적인 칭의와 공적인 칭의

그러므로 인간은 내적으로, 영 안에서, 하나님 앞에서 오직 믿음을 통하여, 어떤 행위도 없이 의롭다함을 받는다는 사실을 마음에 두기 바랍니다. 그러나 인간은 사람들과 자신 앞에서 외적으로, 공개적으로 행위를 통하여 의롭다함을 받습니다. 다시 말하면, 인간은 내적으로 바르게 믿고 있고 의롭다는 사실을 행위를 통하여 알게 되고 확신하게 됩니다. 결국, 하나는 공적인 칭의로, 다른 하나는 내적인 칭의로 부를 수 있습니다. 공적인 칭의는 마음이 의롭다는 사실의 열매요 결과요 증언일 뿐입니다. 사람은 공적인 칭의를 통해 하나님 앞에서 의롭다 함을 받는 것이 아니라, 그 이전에 하나님 앞에서 의롭다함을 받아야 합니다. 이것은 마치 당신이 나무의 열매를 나무의 공적인 좋음이는 나무의 내적인 본질적인 좋음을 뒤따르며 증명하는 것이라고 부를 수 있는 것과 같습니다.

이것과 같은 의미로 야고보는 서신서약 2:17에서 "행함이 없는 믿음은 죽은 것이라"고 말합니다. 이것은 행위가 뒤따르지 않는다면, 믿음이 거기에 없다는 가시적인 표시이며 거기에는 죽은 생각과 꿈이 있는 것일 뿐이라는 의미입니다. 오류자들은 이것을 믿음이라고 잘못 생각합니다. 이제 우리는 "불의한 재물로 친구를 삼으라"라는 그리스도의 말씀을 이해할 수 있습니다. 그것은 바로 외적으로 베풂을 통해 공적으로 우리의 믿음을 증명하여 친구들을 얻음으로써, 가난한 자들이 우리의 공적인 행위의 증언자가 될 수 있도록 하라는 것입니다. 다시 말하면, 우리가 바른 믿음을 갖고 있다는 사실을 보이라는 것입니다. 왜냐하면 외적으로 주는 것 자체로는, 믿음으로 이루어지지 않는 곳에서는 결코 친구를 만들 수 없기 때문입니다. 특히 그리스도께서 스스로 마태복음 6장 1-4절에서 친구를 얻지 못한 바리새인의 구제를 배척하셨는데, 그들의 마음이 잘못되었기 때문입니다. 마음은 믿음 없이는 의롭게 되지 못합니다. 그래서 행위가 의롭게 하는 것이 아니라 마음이 먼저 의롭고 선해야 한다는 사실을 고백하도록 만듭니다.

참된 행위의 의미

두 번째 문제에 대한 우리의 대답은, 모든 행위는 자유롭고 아무 대가 없이 이루어져야 하고 행위를 통해 어떤 유익이 추구되어서는 안 된다는 것입니다. 이것은 그리스도께서 마태복음 10장 8절에서 "거저 받았으니 너희도 거저 주어라"라고 말씀하실 때 원하신 것입니다. 그리스도께서는 자신의 모든 행위로 하늘나라를 얻으신 것이 아니라그분은 이전에 이미 거기에 계셨기 때문이다 단지 우리를 도우신 것이기 때문입니다. 따라서 그리스도께서는 자기 자신의 것을 위해서가 아니라 우리의 유익과 하나님 아버지의 영광, 두 가지만을 염두에 두고 추구하셨던 것입니다. 이와 마찬가지로, 우리도 모든 선행 가운데서 이 세상에 속한 것이든 영원한 것이든 우리의 것을 추구해서는 안 되며, 하나님께 영광을 돌리며 자유롭고 아무 대가 없이 우리의 이웃에게 유익이 되도록 해야 합니다. 이와 같은 의미로 바울은 빌립보서 2장 5-7절에서 말합니다. "그리스도처럼 생각하라, 그는 근본 하나님의 본체시나 자기를 비워 종의 형체를 가지셨다." 이것의 의미는 그는 충만한 신성을 가지고 계시기 때문에 스스로는 충분하셨을지라도, 우리를 섬기시며 우리의 종이 되셨다는 것입니다.

그 이유는 다음과 같습니다. 믿음은 하나님 앞에서 의롭다함을 받게 하고 죄를 용서하며 또한 생명과 구원을 줍니다. 그러므로 누군가가, 믿음이 이미 가지고 있거나 믿음에 동반되는 것을 위해 살거나 행하고자 한다면, 그것은 믿음에 치욕이고 수치입니다. 이것은 마치 그리스도께서 그 이전에 이미 존재했던 하나님의 아들이 되고 만물에 대한 주인이 되기 위해 선한 것을 행하고자 원한다면, 그는 스스로 자신을 조롱거리로 만드는 일이 되는 것과 같습니다. 믿음은 우리를 하나님의 자녀가 되게 하는데, 요한복음 1장 12절에서 "그리스도께서는 그의 이름을 믿는 자들에게 하나님의 자녀가 되는 권세를 주셨다"라고 말하는 것과 같습니다. 그런데 그들이 하나님의 자녀라면, 그들은 또한 로마서 8장 17절과 갈라디아서 4장 7절이 말하는 것처럼 상속자입니다. 그럼에도 불구하고 우리가 믿음을 통하여 이미 가지고 있는 유산을 얻기 위하여 무엇인가를 행한다면 어떻게 되겠습니까?

보상을 위한 선행?

그러면, 우리는 영원한 보상[상급]을 얻도록 선행을 강요하는 말씀들에 대해 무엇이라 말해야 합니까? "불의한 재물로 친구를 삼으라"라는 말씀과, 마태복음 19장 19절 "네가 영생으로 들어가고자 한다면 계명들을 지키라"라는 말씀과, 마태복음 6장 20절

"하늘에 너희 보물을 쌓아두라"라는 말씀들에 대해 우리는 다음과 같이 말하고자 합니다. 믿음을 알지 못하는 자들은 행위에 대해서처럼 보상에 대해서도 말하고 생각합니다. 왜냐하면 그들은 여기서 인간적인 방식으로, 마치 그들이 행동으로 하늘나라를 얻어야만 하는 것처럼 이루어진다고 생각하기 때문입니다. 그것 역시 꿈이고 잘못된 생각인데, 이에 관하여 말라기 선지자는 "너희 중에 나를 위해 거저 성전 문을 닫겠는가?" 말 1:10라고 말합니다. 여기 땅 위에서 자신의 보상을 받는 자는 단지 종이고 향락을 좋아하는 머슴이고 일용노동자인데, 바리새인들이 기도와 금식을 하는 행위가 마치 이와 같습니다. 마 6:5,16

선행에 자연적으로 뒤따르는 상급

그러나 영원한 보상에 대해서는 다음과 같이 말할 수 있습니다. 위에서 말한 것처럼, 행위는 자연적인 방식으로 믿음을 뒤따르기 때문에 행위를 명령할 필요가 없으며, 우리가 잘못된 믿음과 바른 믿음을 인식하게 되는 행위 역시 명령될 필요가 없습니다. 믿음이 행위를 할 수 없다는 것이 불가능한 것처럼, 또한 당연하게 영원한 보상은 어떤 추구 없이도 바른 믿음을 뒤따르게 됩니다. 여기서 보상이 갈망되거나 추구되지 않는다고 보상이 주어지지 않는다는 것은 불가능합니다. 이러한 것이 언급되고 약속된 이유는 다만 잘못 믿는 자들과 바르게 믿는 자들이 인식되고 누구나 선한 삶에 자연적으로 무엇이 뒤따르는지를 알도록 하기 위한 것입니다.

이에 대한 분명한 비유가 있습니다. 지옥과 죽음은 죄에 대한 처벌로 주어지고 또한 추구하지 않아도 아주 자연스럽게 죄에 뒤따라 옵니다. 누구도 저주받기 위해 악을 행하지는 않습니다. 악으로부터 애써 달아나고자 합니다. 그런데도 결과는 그대로 이루어지게 되는데, 우리는 그 결과를 굳이 알리거나 말할 필요가 결코 없습니다. 왜냐하면 그 결과는 아주 자연스럽게 뒤따르기 때문입니다. 그럼에도 불구하고 그것이 선포되어야 하는 이유는, 악한 삶 뒤에 따라오는 것을 우리로 알도록 하기 위함입니다. 악한 삶에는 그 대가가 추구되지 않아도 뒤따르듯이, 선한 삶에도 추구하지 않아도 그 보상이 뒤따르게 됩니다. 당신이 좋은 포도주나 나쁜 포도주를 마신다면, 비록 그것을 맛을 위해 마신 것이 아닐지라도, 이 맛은 아주 자연스럽게 저절로 느끼게 되는 것입니다.

그리스도께서 "친구를 삼으라", "보물을 쌓으라" 및 이와 유사한 말씀을 하실 때 그 의미는 다음과 같습니다. "선을 행하십시오, 그러면 당신이 그것을 추구하지 않아도 아주 자연스럽게 친구를 갖게 되고 하늘에서 보물을 발견하며 보상을 받게 될 것입니다." 이것이 이루어지는 방식은 다음과 같습니다. 당신의 눈이 단순히 영원한 삶을 향하고 어떤 보상을 염려하지 않으며, 또한 이 보상은 항상 뒤따르기에 당신은 충분하고도 확실하게 이것을 하나님께 맡기게 됩니다. 왜냐하면 보상을 바라보는 자들은 태만

하고 짜증을 내는 일꾼이며 일보다 보상을 더 사랑하기 때문입니다. 심지어 그들은 일을 싫어합니다. 이를 통해 일을 명령하시는 하나님의 뜻 역시 미움을 받으며, 그러한 마음은 하나님의 계명과 뜻에 대해 결국 싫증을 내게 됩니다.

하나님만이 영원한 처소, 영원한 보상을 주신다

세 번째에 대한 우리의 대답은, 성자들이 아니라 하나님만이 우리를 영원한 처소로 영접하시며 영원한 보상을 주신다는 것입니다. 이것은 사실 어떤 증명도 필요하지 않을 정도로 명백합니다. 왜냐하면 성자들도 모두 하나님께서 홀로 그들을 하늘로 영접해 주셔야만 하기 때문이며, 그들조차도 스스로는 하늘나라 가기에 거의 충분하지 못하다면 어떻게 성자들이 우리를 하늘로 영접하겠습니까? 이러한 사실은 어리석은 처녀들과 기름을 나누고자 하지 않았던 지혜로운 처녀들이 마태복음 25장 9절에서 보여줍니다. 또한 베드로전서 4장 18절은 "의로운 자조차 겨우 구원받을 것이다"라고 말하고, 그리스도께서는 요한복음 3장 13절에서 "하늘에서 내려온 자 곧 인자 외에는 하늘에 올라간 자가 없느니라"라고 말씀합니다.

그리스도께서 "친구를 삼아 그들로 하여금 너희를 영원한 처소로 영접하게 하라"라고 말씀하신 사실에 대해 말하고자 합니다. 첫째, 이 말씀은 하늘에 있는 성자들에 관하여 말하는 것이 아니라, 우리와 함께 사는 이 땅 위에 있는 가난한 자들과 곤궁한 자들에 관하여 말하고 있는 것입니다. 따라서 그리스도께서는 다음과 같이 말씀하고자 하신 것입니다. "무엇 때문에 당신은 교회를 짓고, 성자들에게 봉헌하고, 나의 어머니[마리아], 베드로, 바울, 다른 죽은 성인들을 섬기는가? 그들은 모두 당신의 봉사 어느 것도 필요로 하지 않으며, 그들은 또한 당신의 친구가 아니라 자기 시대에 살았던, 그들이 자선을 베풀었던 자들의 친구일 뿐입니다. 당신의 친구를 돌보라는 것은, 당신의 시대에 당신과 함께 사는 가난한 자들을 돌보라는 말입니다. 당신의 도움을 필요로 하는 당신의 이웃을 당신의 재물을 통해 당신 친구로 삼으라는 것입니다."

두 번째, 영원한 처소로 영접하는 것은 인간들이 행하는 일로 이해되어서는 안 됩니다. 오히려 인간들은 믿음의 근거이고 증인이 됩니다. 다시 말해, 하나님께서 우리를 영원한 처소로 영접하는 이유가 무엇인지 인간들에게서 훈련되고 증명됩니다. 왜냐하면 성서의 이야기 방식이 그렇기 때문입니다. 성경에서 죄는 저주하고 믿음은 구원한다고 말하는 것은, 죄는 하나님께서 저주하시는 근거이고 믿음은 하나님께서 구원하시는 근거라는 의미입니다. 마치 우리가 일반적인 언어사용에서 "너의 악의가 네게 불행을 가져다 줄 것이다"라고 말한다면, 이것은 당신 악의가 당신의 불행의 이유이며 근거라는 의미입니다. 만일 친구들에게 보이는 우리의 믿음을 통해 친구들이 하늘나라를 사모하는 근거가 된다고 한다면, 친구들은 이와 같은 방식으로 우리를 함께 하늘로 영접하는 것이 됩니다. 이상으로 세 가지 사항에 대하여 말씀을 드렸습니다.

복음의 이해를 위한 세 질문

이외에도 복음을 보다 잘 이해하기 위해 세 가지 질문이 설명되어야 합니다. 즉, 재물맘몬이란 무엇인가, 왜 재물이 불의한가, 왜 그리스도께서는 주인의 손해를 입히며 자신의 유익을 취한, 의심할 여지 없이 불의하고 죄된 행동을 한 불의한 청지기를 따르라고 명령하신 것인가?

맘몬이란

첫째, 맘몬은 히브리어로 많은 부, 또는 이 세상의 재물을 뜻합니다. 다시 말하면, 누군가가 자신의 신분에서 여분으로 갖고 있고 자기 자신에게 해를 주지 않으면서도 다른 사람에게 매우 선하게 유익을 줄 수 있는 것을 말합니다. 하몬Hamon은 히브리어로 다수, 혹은 큰 무리와 많음을 뜻합니다. 이로부터 맘몬Mahamon/Mammon이 나오는데, 이것은 많은 재화나 부를 의미합니다.

불의한 재물이라고 하는 이유

둘째, 본문 구절이 불의한 재물이라고 말하는 것은 그것이 불의나 고리대금을 통해 획득된 것이기 때문이 아닙니다. 왜냐하면 우리는 불의하게 획득된 재물로는 선행을 할 수 없고, 그것은 이

사야가 말하는 것처럼 되돌려주어야 하기 때문입니다. "나 여호와는 불의의 강탈을 미워하여 성실히 그들에게 갚아 주고…." 사 61:8 그리고 지혜자는 다음과 같이 말합니다. "너의 것으로 구제를 하라." 잠 3:27 그러므로 여기서 불의하다고 말한 것은 맘몬이 불의하게 사용되기 때문인데, 바울이 에베소교인들에게 말한 바와 같습니다. "날은 하나님께서 창조하셨고 선한 것일지라도 때날가 악하니라." 엡 5:16 날이 악한 것은 악한 사람들이 그것을 오용하고 많은 죄와 분노를 일으키고 영혼에 위험한 것을 야기하기 때문입니다.

이와 마찬가지로 부 역시 불의한데, 사람들이 그것을 악하고 불의하게 사용하기 때문입니다. 왜냐하면 우리가 보는 바에 따르면, 부가 있는 곳에서는 "재물이 오만을 낳는다"라는 속담처럼 이루어지기 때문입니다. 거기에서 우리는 전쟁을 벌이고, 거짓말하고, 위선적으로 행동하고, 이웃에게 순전히 악의를 행하는데, 이는 재물을 획득하고 유지하고 더 늘리려 하고 부자들과 친교를 갖고자 하기 위해서입니다.

그러나 그것이 무엇보다도 하나님 앞에서 불의한 맘몬인 이유는, 인간은 이웃을 재물로써 섬기지 않기 때문입니다. 만일 제 이웃이 재물이 없어 고난을 겪고 있는데 제가 가진 것을 그에게 주지 않는다면, 저는 그에게 그의 것을 불의하게 주지 않은 것이 됩니다. 특히 저는 그에게 이미 자연적인 법에 따르면 주어야 할 의무가 있는데, 바로 사람들이 네게 해주기를 바라는 대로 너도 행하라는 법에 근거한 것입니다. 그리스도께서는 마태복음 5장 42절에서 "네가 간구하는 모든 자에게 주라"고 말씀하시고, 요한은 요한일서 3장 17절에서 "누가 이 세상의 재물을 가지고 형제의 궁핍함을 보고도 도와줄 마음을 닫으면 하나님의 사랑이 어찌 그 속에 거하겠느냐"라고 말합니다. 그러나 이러한 재물의 불의한 사용을 눈치채는 사람은 매우 소수에 불과합니다. 왜냐하면 그것은 영적이고 또한 매우 정직하게 획득된 재물로써 이루어지기 때문입니다. 이러한 사실에 사람들은 속임을 당하여, 강도, 도둑질, 고리대금업과 같이 눈에 띄게 가시적인 불의를 행하지 않는 자신들은 누구에게도 불의를 행하지 않는다고 생각하게 됩니다.

불의한 청지기가 칭찬받은 이유

셋째, 정직하지 않은 청지기가 누구길래 그리스도께서 그를 그렇게 칭찬하시는지, 많은 사람이 의아해 합니다. 그러나 이에 대한 대답은 짧고 간단합니다. 그리스도께서 청지기를 우리에게 제시하신 것은 그의 정직하지 않음 때문이 아니라 그의 지혜 때문입니다. 그는 불의한 가운데 매우 지혜롭게 자신의 유익을 이루었기 때문입니다. 이는 제가 누군가를 철야와 기도와 연구를 하도록 자극을 주고자 하여 "보라, 살인자와 도둑은 빼앗고 훔치기 위하여 잠을 지새운다. 그런데 너는 기도하고 연구하기 위하여 왜 철야하고자 하지 않는가?"라고 말하는 것과 같습니다. 여기서 저는 살인자와 도둑의 불의함을 칭찬한 것이 아니라, 그들이 그렇게 영리하게 불의함을 추구한 지혜를 칭찬한 것입니다. 또한 음탕한 여인이 젊은 사내를 꾀려고 금과 비단으로 치장하듯이, "왜 너는 그리스도의 마음에 들기 위해 네 자신 역시 믿음 안에서 영적으로 꾸미려고 하지 않는가?"라고 말하는 것과 같습니다. 여기서 저는 그 여인의 음탕함을 칭찬한 것이 아니라, 여인이 악한 의도를 위해 행한 열심을 칭찬한 것입니다.

이러한 방식으로 바울은 로마서 5장 14절에서 아담과 그리스도를 비교합니다. 즉, 비록 우리는 아담으로부터는 죄 외에 다른 어떤 것도, 그리스도로부터는 은혜 외에 다른 어떤 것도 받지 않았고 이 둘은 헤아릴 수 없이 대립하고 있을지라도, "아담은 그리스도의 모형이었다"고 말합니다. 그러나 비유와 모형은 도덕이나 부도덕에 적용되지 않고, 순서 혹은 혈통에 적용됩니다. 순서에 따르면 그리스도께서 모든 의인의 아버지인 것처럼, 아담은 모든 죄인의 아버지입니다. 그리고 모든 죄인은 한 아담으로부터 오는 것처럼, 모든 의인은 한 그리스도로부터 오는 것입니다. 불의한 청지기가 자신의 유익을 성공적으로 취한 영리함으로 여기서 우리에게 제시된 이유는, 그가 불의한 가운데 영리한 것처럼 우리 영혼 역시 바르게 영리해야 하기 때문입니다.

IV

『독일어 작품 비텐베르크 전집 서문』

역자 해설

　루터는 16세기 초에 베스트셀러 작가였고, 책 판매 흥행의 보증수표와도 같았다. 당시 루터라는 이름 자체가 하나의 브랜드였다. 루터가 인쇄술을 통해 이렇게 유명해진 것은 종교개혁의 성공과도 매우 밀접한 관련성이 있다. 종교개혁자 루터는 사실 1518년 이전까지는, 설립된 지 얼마 안 된 비텐베르크 대학(1502년 설립)의 무명 교수이자 수도사에 불과했다. 그런 그가 빠른 속도로 비텐베르크를 넘어 독일과 전 유럽에 널리 알려져 1518년 말에는 독일에서 가장 유명한 인사가 되었던 것이다.[56] 실제로 중세 로마 가톨릭교회의 면죄부 판매에 반대한 95개 논제는 학자들에게 편지로 전해지고, 이것이 곧바로 인쇄본으로 활자화되어 95개 논제가 공포된지 불과 1년 만에 적어도 16판이나 발행되었다. 95개 논제 사건 이후 1518년 초기부터 루터 작품들은 이미 대규모로 전파되기 시작했으며, 1519년 말까지 인쇄된 그의 작품은 라틴어 작품 25개와 독일어 작품 20개에 이른다. 이 책들의 출판을 통해 루터의 사상이 신속하게 전파되고 수용된 데는 인쇄술의 역할이 컸다.

　이렇게 루터의 이름이 흥행을 보증하는 유명 브랜드이다 보니, 인쇄업자들이 루터의 작품을 출판하는 일에 혈안이 된 것은 당연했다. 심지어 비텐베르크 인쇄업자들은 1520년대 초기에 루터의 작품들을 탈취하다시피 경쟁할 정도였다. 젊은 루터의 작품들은 바젤의 출판업자 프로벤Johann Froben을 통하여 전집으로 출판되어, 루터는 이미 1519년에 독일과 유럽 전체에 걸쳐 유명 인사가 되었다.

인쇄업자들뿐만 아니라 독자들 역시 루터의 작품들이 전집으로 나오기를 고대하였다. 루터의 동료들과 제자들은 여러 번 루터의 작품들을 편집하여 전집을 출판하고자 시도했으나 실패했다. 1537년 크루치거C. Cruciger, 1504-1548와 뢰러G. Rörer, 1492-1557는 비텐베르크에서 루터의 전집출판 계획을 추진하였다. 루터는 처음에는 이러한 생각에 동의하지 않다가그는 오히려 자신의 책들이 사라지고 성서만 읽히기를 원했다 독일어 작품으로 된 2권의 전집을 출판하는 데 동의하였다. 그 두 권 중 제1권이 1539년에, 제2권이 그의 사후 1548년에 출간되었다.57) 루터는 이 전집 출간에 만족하지 않았지만, 이 출판을 계기로 독자들의 관심을 성서로 향하게 할 목적으로 그리스도인 경건의 실천과 종교적인 삶의 개혁을 촉구하는 서문을 썼다.

루터의『독일어 작품 비텐베르크 전집 서문』은 전집과 함께 인쇄업자 루프트Hans Lufft에 의해 출판되었다. 루터의 서문은 따로 출판될 가치가 있어 1539년과 1540년에 별도로 출판되었다. 이 서문을 통해 신학에 대한 루터의 교훈과 성서에 대한 그의 애착을 엿볼 수 있다. 루터가 이 서문에서 서술한 내용은 무엇보다도 신학을 공부하는 방법, 즉 참된 신학자가 되는 방법이다. 그것은 시편 119편에 나와 있는 다윗의 규칙을 따른 것으로 바로 기도oratio, 묵상meditatio 그리고 시련tentatio이다.

···

참된 신학자가 되는 방법은 루터 자신의 경험에서 나온 것이다. 루터는 1512년 신학박사가 된 이후 비텐베르크 대학에서 성서학 교수로 평생 성서를 강의하였다. 성서 강의와 이를 위한 철저한 성서연구를 통하여 루터는 오직 믿음으로 의롭게 된다는 종교개혁 사상을 발견하였다.

1. 참된 신학 공부의 첫 번째 방법은 '기도'oratio이다. 루터는 수도사 출신으로 수도원 생활을 하는 동안에는 직업적인 정신을 갖고 기도하였고, 그 후에는 경건을 실천하는 기독교인으로서 생애 내내 기도하였다. 서방 수도원 제도의 아버지라고 불리는 베네딕트Benedikt von Nursia는 수도사 생활의 임무를 "기도하고 일하라"ora et labora로 규정하였다. 수도사들은 기도로써 하나님을 섬기는 생활을 해야 하고, 어떤 일도 기도보다 더 중요시되어서는 안 된다고 규정하였다. 기도는 영적인 일의 첫째 되고 가장 중요한 임무이기 때문이다.

루터가 기도를 참된 신학자가 되는 길의 첫 번째 원칙으로 삼은 것은 수도원 생활과 관련이 있지만, 그보다 더 중요한 이유가 있다. 신학 공부의 시작과 중심이 되는 하나님의 말씀은 인간의 이성으로 이해할 수 있는 것이 아니라 성령의 조명으로 이해할 수 있기 때문이다. 참된 신학자가 되는 길은 인간 자신과 이성의 한계를 깨닫고 겸손하게 하나님 앞에서 성령의 조명하심을 구하는 것이다. 그래서 성서 연구자 자신이 성서를 해석하는 것이 아니라 하나님께서 말씀하시도록 하고, 성서해석자는 하나님의 영에 귀 기울여야 한다. 결국, 하나님을 만나고 경험할 수 있는 것은 들음으로 가능하다. 참된 신학자는 듣는 자로서 하나님의 진리를 깨닫고 경험할 수 있는 것이다. 이 길의 출발점이 바로 기도이다.

2. 참된 신학자의 두 번째 길은 '묵상'meditatio이다. 위에서 말한 것처럼, 신학자는 하나님의 말씀을 경청해야 한다. 중요한 것은 신학자 자신의 해석능력이 아니라, 성령이 마음속에서 역사하시도록 하는 것이다. 이런 의미에서 묵상은 수동적인 사건이다. 신학자 자신이 성서의 본문을 해석하는 것이 아니라, 오히려 그가 성서에 의해 주석되는 것이다. 그리고 하나님께서 외적인 말씀으로 사람 안에서 역사하시고, 신학자는 성령이 주시는 내적인 증언에 귀 기울이며 성서 본문을 철저하게 연구해야 한다.

여기서 '묵상'이란 일반적인 의미의 묵상이 아닌 성서연구를 뜻한다. 루터는 묵상이라는 말을, 성서를 문법적으로 철저하게, 그리고 학문적으로 연구한다는 의미로 사용했다. 그래서 루터는 '묵상하다'는 말을 독일어 '주석하다'auslegen로 번역하기도 했다. 또한 그에게 묵상이란, 읽은 본문을 한 번 묵상하는 것으로 끝나는 것이 아니라, 본문을 통해

성령이 말씀하고자 하는 것이 무엇인지를 알기 위해 읽고 또
읽고 계속 읽으며 숙고하는 작업이었다. 여기서 루터는 영
적인 의미보다 성서의 문법적인 의미를 정확하게 파악하는
것을 중시했다. 그 대표적인 예가 1545년 라틴어 전집 1권의 서문에
서 증언하고 있듯이 로마서 1장 17절에 나오는 '하나님의 의'라는
개념을 새로이 깨닫고 종교개혁 사상을 발견하게 된 사건이
다.58)

3. 참된 신학자가 되는 세 번째 원칙은 가장 어려운 것으로 영
   적인 '시련' tentatio을 경험하는 것이다. 시련이란 성서를 통해
   깨달은 것을 실제 삶의 자리에서 경험하는 것을 뜻한다. 루
   터의 신학 이해에 따르면, 신학자는 연구, 사변, 지식으로
   되는 것이 아니라, 자신의 구체적인 삶의 자리에서 믿음의
   실제적인 경험을 통해 만들어지는 것이다.

   이것은 마치 십자가의 경험과 같다.59) 십자가에 달리신
   그리스도의 모습을 머리에 그려 보라. 하나님의 아들 예수
   님의 모습은 절망스럽고 무기력하다. 지나가는 사람들, 대
   제사장과 서기관들 모두 예수님을 조롱하고 모욕하였다. 심
   지어 예수님은 "나의 하나님, 나의 하나님, 어찌하여 나를
   버리셨나이까?"라고 외치셨다. 결국 예수님은 고통을 받으
   시다 숨을 거두셨다. 이러한 상황 앞에서 인간의 경험이 내
   리는 결론은 무엇인가? 하나님이 예수님의 십자가에 함께
   하지 않으셨다는 것이다. 그러나 이러한 인간의 경험은 틀

린 것이었다. 인간의 경험과 판단이 틀렸음을 알려주는 사건이 바로 예수님의 부활이다. 이 부활 사건이 의미하는 것은 하나님께서 갈보리산 십자가의 현장에 함께 계셨고, 역사하셨고, 또 십자가 사건을 통하여 인류의 구원을 성취하셨다는 사실이다. 여기서 우리가 깨달아야 할 중요한 사실은, 인간의 경험이 내리는 결론은 신뢰할 수 없다는 것이다. 인간의 경험은 고난 속에 숨어계시는 하나님의 존재를 알 수 없다. 십자가와 고난 속에 숨어 계시는 하나님은 인간의 경험으로는 파악되지 않는다. 오직 믿음으로만 알 수 있고, 믿음 있는 자에게만 알려진다. 따라서 우리는 경험보다는 하나님의 약속과 말씀을 신뢰해야 한다.

이러한 십자가의 경험에 따르면, 우리 그리스도인들이 하나님의 말씀을 듣고 믿음으로 살고자 할 때, 일이 잘되기보다는 오히려 비난, 비웃음과 고난, 심지어는 죽음의 위협이 임하게 된다. 시편의 다윗이 그랬고, 루터 역시 그러하였다. 루터는 자기 삶의 현장에서 만나는 포악한 제후들과 군주들, 열광주의자들, 적대적인 가톨릭 신학자들의 위협과 비판을 통해 고난과 심지어 생명의 위험을 느끼기까지 했다. 하지만 오히려 이러한 것들이 그로 하여금 더욱더 하나님의 말씀을 연구하게 했다. 후에 루터는 이를 통해 자신이 훌륭한 신학자가 되었다고 고백하게 된다.

...

루터가 참된 신학 공부의 방법, 참된 신학자가 되는 길로 제시한 세 가지 원칙은 후대에 많은 신학자에게 영향을 주었다. 루터교 정통주의자들과 특히 경건주의자들은 루터의 세 가지 원칙을 즐겨 언급하고 적용하였다.

루터에게 신학자는 오늘날처럼 평신도 그리스도인과 구별되는 것이 아니었고, 오히려 모든 그리스도인을 가리키는 것이었다. 루터는 1520년 『독일 귀족 그리스도인들에게 보내는 글』에서 모든 그리스도인은 세례를 통하여 성직자가 되었다는 소위 만인제사장설을 주장하였다. 그러므로 루터의 신학 공부 방법은 바른 그리스도인이 되는 방법이며, 이것은 모든 그리스도인에게 적용된다. 모든 그리스도인에게 기도와 묵상, 그리고 시련이 필요하다. 이러한 경험에 근거한 루터의 가르침은 성숙한 그리스도인의 신앙과 삶을 간구하는 자들에게 유익한 안내와 지침이 될 것이다.

참고 및 추천도서

WA 50,657-661.

"Vorrede zum ersten Band der Wittenberger Ausgabe der deutschen Schriften."
    D. Korsch ed. *Deutsch-Deutsche Studienausgabe*. *Vol. 1: Glaube und Leb-*
    en. Leipzig: Evangelische Verlagsanstalt, 2012, 657-669.

E. H. Herrmann. "Preface to the Wittenberg Edition of Luther's German Writ-
    ings." M. J. Haemig ed. *The Annotated Luther*. *Vol. 4: Pastoral Writings*.
    Minneapolis: Fortress Press, 2016, 475-488.

스페이커르/ 황대우 역. 『기도 묵상 시련』. 서울: 그책의 사람들, 2012.

강치원. "Oratio, Meditatio, Tentatio. 루터에서 18세기 중엽 루터교 계몽주의
    에 이르기까지 이 세 개념의 해석사." 『역사신학논총』 제2집, 한국복음
    주의역사신학회 편. 서울: 이레서원, 2000.

요하네스 쉴링/권진호 통역. "기도, 묵상, 시련" (2010년 호남신학대학교
    종교개혁기념주간 특별강연. 10월 27일).

루터 작품

성서만큼 유익한 책은 없다

내 책 모두 세상에 알려지지 않고 버려졌으면 좋았으련만! 그 이유 중 하나는 내가 한 경험 때문이다. 나는 나의 본보기를 생각만 해도 몸서리쳐진다. 왜냐하면 우리가 성서에 무엇인가를 추가하거나 혹은 성서 외에 다른 수많은 책과 큰 도서관의 장서들을 수집하고, 특히 모든 교부, 공의회결정들, 교사들의 작품들을 닥치는대로 주워 모은다고 해도, 그것이 교회에 거의 유익이 되지 않음을 나는 잘 알기 때문이다. 오히려 이 일로 인하여 성서 연구에 사용될 수 있는 값진 시간을 허비할 뿐만 아니라, 결국 하나님 말씀에 대한 순전한 지식까지 잃게 된다. 결국, 성서는 유다 왕들의 시기에 신명기에 대해 행해진 것처럼 60) 의자 밑에서 먼지에 쌓여 잊혀지고 만다.

몇몇 교부들과 공의회의 작품들이 증언과 역사로서 남아 있는 것이 유익하고 필요할지라도, 모든 것에는 정도가 있기 마련이며 61) 많은 교부와 공의회의 책들이 하나님의 은혜로 말미암아 사라져 버렸다고 아쉬워할 필요는 없다고 나는 생각한다. 왜냐하면 그것들 모두 남아 있다면, 누구도 책 때문에 들어가거나 나가지 못하게 될 것이고, 그 모든 책이 있어도 우리가 성서에서 발견하는 것보다 더 낫지는 못할 것이기 때문이다.

성서번역의 의도

우리가 성서를 독일어로 번역하기 시작했을 때,[62] 우리의 의도와 소원은 성서에 대해서는 보다 적게 쓰는 대신, 성서 자체를 보다 자주 연구하게 하고 읽도록 하는 것이었다. 왜냐하면 요한이 요한복음 3장 30절에서 그리스도께 "그는 흥하여야겠고 나는 쇠하여야 하리라"고 말한 것처럼, 다른 모든 저술은 성서를 향해야 하고 또 그것을 읽는 자들을 성서로 인도해야 하기 때문이다. 그렇게 하여, 모든 교부들이 좋은 것을 성취하기 위해 해야했던 것처럼 우리도 스스로 신선한 샘으로부터 생수를 마실 수 있도록 하기 위함이다.

공의회나 교부들 또는 우리가 아무리 최고로 잘 한다고 할지라도, 성서가 하는 것처럼, 다시 말해 하나님 자신이 하시는 것처럼 잘 할 수는 없다. 물론, 우리가 구원받고자 하면 성령, 믿음, 하나님의 말씀과 선한행위들을 가져야 한다. 하지만 우리는 선지자들과 사도들을 강단에 서게 하고 그들의 발아래에서 그들이 말하는 것을 들어야 하지, 그들이 우리가 말하는 것을 들어야 하는 것은 아니다.

오직 성서에만 순종하라

그러나 나는 내 의지와 달리 내 작품들을 수집하고 내 책들을 출판하는 것그것은 내게 하찮은 명예에 불과하다을 막을 수 없다. 나는 어쩔 수 없이 출판업자들이 그 일에 수고와 비용을 들이는 것을 허락할 수밖에 없다. 하지만 비록 내가 ^{하나님의 은혜로} 좋은 것을 썼다 할지라도, 시간이 지나면 내 책들이 먼지 속에서 잊혀지게 될 것이라는 사실로 나는 위로를 받는다. 나는 믿음의 열조보다 뛰어나지 못하다. ^{왕상 19:4 참조} 이들이 먼저 자리잡아야 한다. 사람들이 성서를 의자 밑에 놓기도 하고 또한 교부들과 공의회들을 ^{더 좋을수록 더 많이} 잊었기 때문에, 이 시대의 과도한 열기가 진정되면 내 책들 또한 그리 오래 지속되지 않을 것이라는 기쁜 소망이 있다. 특히 책과 교사들이 눈과 비가 오듯이 쏟아지기 시작했지만, 그것들 가운데 많은 수가 벌써 잊혀지고 사라졌다. 그것들이 시장에서 영원히 팔릴 수 있고 언제나 교회의 스승이 되리라고 분명 소망했지만, 지금은 그것들의 이름조차 더 이상 기억되지 않는다.

자, 지금의 상황은 하나님의 이름으로 진행되게 내버려두라! 다만 내가 다만 공손하게 청하는 것은 오늘날 내 책들을 갖기 원하는 자는 그 책들 때문에 성서 자체를 연구하는 것에 방해가 되지 않도록 하라는 것이다. 오히려 내가 교황의 교령들과 궤변가들의 책들을 사용하듯이 내 책들을 사용하라! 나는 때때로 그들이 행한 것을 보기 원하거나 그 시대의 역사적인 사실들을 알아내고자 원할 때 그것들을 사용한다. 그러나 나는 좋다고 간주한 것들에 완전히 일치하여 그것들을 연구하거나 행하지는 않는다. 나는 교부들과 공의회들의 책들에 대해 그렇게 다른 태도를 취하지 않는다. 여기서 나는 성 어거스틴의 예를 따르는데,63) 그는 모든 교부와 성인의 책들에 사로잡히지 않고 오직 성서에만 복종하고자 한 첫 번째 사람이자 거의 유일한 사람이다. 이것 때문에 그는 선조들의 책들을 가리키며 자신을 비난한 제롬St. Jerome. 약 347-420 64) 과 격렬한 논쟁에 빠졌다.65) 하지만 어거스틴은 돌이키지 않았다. 그리고 만일 사람들이 어거스틴의 이러한 예를 뒤따랐다면, 교황은 적그리스도가 되지 않았을 것이고, 수없이 많은 해충과 벌레들로 우글거리는 책들이 교회에 들어오지 않았을 것이고, 성경도 온전히 강단 위에 머물렀을 것이다.

바른 신학공부 방법

이제, 나는 내가 실천해온 바른 신학 공부 방법을 말하고자 한다. 당신이 이 방법을 따라 행한다면, 당신 스스로 필요하다면 교부들이나 공의회들처럼 좋은 책들을 쓸 수 있다는 것을 배우게 될 것이다. 나는 책을 쓰는 일에 있어서 몇몇 교부들에 그리 많이 뒤지지 않았다고 하나님 안에서 교만과 거짓 없이 감히 자랑할 수 있다. 물론 삶과 관련해서는 그들처럼 결코 자랑할 수 없다. 이 바른 신학 공부 방법은 거룩한 다윗 왕이 시편 119편에서 가르쳐준 그리고 틀림없이 모든 족장들과 선지자들도 사용한 것이다. 여기서 당신은 시편 전체를 통해 충분히 제시되는 세 가지 규칙 기도oratio, 묵상medi-tatio, 시련tentatio을 발견하게 될 것이다.

기도

첫째, 오직 성서 외에는 어떤 것도 영생을 가르치지 않기 때문

에, 성서가 다른 모든 책의 지혜를 미련한 것으로 만드는 책이라
는 사실을 당신은 알아야 한다. 그러므로 당신은 당신의 이성과
이해력에 대해 무조건 낙담해야 한다. 왜냐하면 당신은 이것들을
가지고 영생을 얻는 것이 아니라, 오히려 그러한 불손함으로 당
신 자신과 다른 사람들을 루시퍼처럼 하늘로부터 지옥의 나락으로
빠뜨리게 하기 때문이다. 오히려 당신의 작은 방에서 무릎을 꿇
고 참된 겸손과 진심으로 하나님께 기도하라! 하나님께서 당신을
깨우치고 인도하고 이해력을 주는 성령을, 사랑하는 아들을 통하
여 당신에게 주시도록 간구해야 한다.

당신은 다윗이 위에서 언급한 시편 119편에서 "주여 내게 가르
치소서, 나를 인도하소서, 내게 보이소서"시 119:26-27/ 33 이하와 그
외의 많은 말씀들에서 간구하는 것을 본다. 비록 그는 모세의 책
과 다른 책들을 너무나 잘 알고 날마다 듣고 읽었다고 해도, 이성
으로 황급히 그것들을 붙잡거나 자신이 스스로 교사가 되지 않기
위해 성서의 참된 스승을 갖기를 원한다. 왜냐하면 여기서 이단
적인 열광주의자들이 만들어지기 때문이다. 이들은 성서가 자신
들에게 예속되어 있고, 성령이나 기도가 필요치 않은 마르콜프66)
나 이솝 우화들처럼 자신들의 이성으로 성서를 쉽게 이해할 수 있
다는 잘못된 생각에 길들여져 있다.

묵상

두 번째, 당신은 묵상해야 한다. 즉, 마음으로 뿐만 아니라 외

적인 구술로 된 말씀과 책에 쓰인 말씀을 항상 단어 하나하나를 반복하고 비교하고, 성령이 그것으로 의미하시는 것이 무엇인지를 부지런히 주목하고 숙고하면서 반복하여 읽는 것이다. 그리고 당신이 한 번 또는 두 번으로 충분히 읽고 듣고 말했다거나 모든 것을 뿌리에 이르기까지 이해했다는 사실에 만족하거나 그렇게 생각하지 않도록 주의하라. 왜냐하면 그렇게 하는 것으로는 결코 좋은 신학자가 될 수 없기 때문이다. 이것은 절반이 익기도 전에 떨어지는 익지 않은 과일과도 같다.

당신은 이 시편에서 다윗 자신이 밤낮으로 오로지 하나님의 말씀과 계명만을 이야기하고 묵상하고 말하고 노래하고 듣고 읽고자 하는 것을 계속하여 자랑함을 보게 된다. 왜냐하면 하나님께서는 외적인 말씀 없이는 성령을 주고자 원하시지 않기 때문이다. 이것을 표준으로 삼으라! 왜냐하면 하나님께서는 결코 쓸데없이[이유없이] 외적으로 쓰고 설교하고 읽고 듣고 노래하고 말하라고 명령하지 않으셨기 때문이다.[67]

시련

참된 신학자가 되는 세 번째 길은 시련이다. 이것은 당신에게 단지 알고 이해하라고 지시할 뿐만 아니라, 하나님의 말씀이 얼마나 옳고 진실되고 달콤하고 사랑스럽고 강력하고 위로가 되는지, 그리고 하나님 말씀이 모든 지혜 위의 지혜임을 경험하는 것을 가르쳐 주는 시금석이 된다.

당신은 다윗이 묵상하기 때문에, 즉 말한 것처럼 모든 방식으로 하나님의 말씀에 열중하기 때문에, 그가 겪어야 하는 숱한 대적들, 오만불손한 왕 또는 폭군들, 거짓된 영들과 열광주의자들에 관하여 앞서 언급한 시편에서 자주 한탄하는 것을 본다. 하나님의 말씀이 당신 안에서 뿌리를 내려 자라자마자, 사단이 당신을 엄습할 것이다. 그러나 그것은 당신을 올바른 박사로 만들고, 시련을 통하여 하나님의 말씀을 추구하고 사랑하도록 가르칠 것이다. 나 자신도 쥐똥에 불과한 내가 또한 후추와 섞이는 것이 허락된다면 68) 교황주의자들이 사단의 광포를 통하여 나를 때려 부수어 내가 박해 받고 무서워하게 된 것에 대해 그들에게 많이 감사해야 한다. 말하자면, 그들은 나를 참으로 좋은 신학자로 만들었다. 만일 그들이 그렇게 나에게 고난을 주지 않았다면, 나는 결코 참된 신학자가 되지 못했을 것이다. 그리고 그들이 나를 이렇게 만든 대가로 얻게 된 것, 곧 영광, 승리, 승리의 기쁨을 나는 그들에게 기꺼이 허락한다. 왜냐하면 그들은 그것들을 갖기 원했기 때문이다.

여기서 당신은 다윗의 규칙을 갖고 있다. 당신이 이러한 모범에 따라 하나님의 말씀을 열심히 연구한다면, 당신은 그와 함께 시편에서 노래하고 자랑하게 될 것이다. "주의 입의 법이 내게는 천천 금은보다 승하니이다." 시 119:72 또한 "주의 계명이 항상 나와 함께 함으로 그것이 나로 원수보다 지혜롭게 하나이다. 내가 주의 증거를 묵상하므로 나의 명철함이 나의 모든 스승보다 승하며 주의 법도를 지키므로 나의 명철함이 노인보다 승하니이다." 시

119:98-100 그리고 당신은 교부들의 책이 얼마나 무미건조하고 부패한 맛이 나는지를 경험하게 될 것이다. 또한 당신은 대적자들의 책들을 경멸하게 될 뿐만 아니라, 더 오래 쓰고 가르칠수록 당신 자신이 마음에 더욱 들지 않게 될 것이다. 당신이 이런 상황에 이르렀다면, 당신은 젊고 불완전한 그리스도인뿐만 아니라 성숙해지고 완전한 자들을 가르칠 수 있는 참된 신학자가 되기 시작했다고 깨닫고 희망을 가지라! 왜냐하면 그리스도의 교회 안에는 젊고 늙고 약하고 아프고 건강하고 강하고 부지런하고 게으르고 단순하고 지혜로운 모든 종류의 그리스도인이 있기 때문이다.

오직 하나님께 영광을!

만일 당신이 훌륭하게 가르치거나 저술했고 탁월하게 설교하여 당신 자신의 작은 책자들로 인해 마음에 위안이 된다고 생각하고 느낀다면, 사람들이 당신을 다른 이들 앞에서 칭찬하는 것에 당신 마음은 흐뭇해 할 것이고, 또한 당신도 칭찬받기를 바랄 것이다. 만일 그렇지 않으면 당신은 슬퍼하거나 그 일을 그만둘 것이다. 사랑하는 자여, 당신이 그런 종류의 사람이라면 스스로 당신의 귀를 만져 보라. 잘 만져보면, 크고 길고 덥수룩한 한 쌍의 당나귀 귀를 발견하게 될 것이다. 그때 어떤 것도 아끼지 말고 금으로 된 방울들로 그것을 장식하여, 당신이 어디를 가든 사람들이 당신의 말을 들을 수 있도록 하고, 그들이 손가락으로 당신을 가리켜 "보라, 보라! 저기 훌륭한 책들을 쓸 수 있고 탁월하게 설교할 수 있는 영리한 짐승이 간다"라고 말할 수 있도록 하라. 그 순간 당신은 하늘나라에서 셀 수 없을 만큼 복될 것이다. 바로 그 하늘나라에는 지옥의 불이 사단과 그의 졸개들을 위해 준비되어 있을 것이다.

요약하면, 우리가 할 수 있는 곳에서 영광을 추구하고 자랑하자. 그러나 성경은 영광을 오직 하나님께 돌리는바, "하나님께서는 교만한 자를 대적하시고 겸손한 자들에게는 은혜를 주신다" 벧전 5:5라고 말씀한 것과 같다. 하나님께 영광이 영원토록 있을지어다. 아멘.

1) 참조. 지원용 편, "복음서들에서 탐색할 것 및 기대할 것에 대한 간략한 서문", 『루터 전집 제3권』 (서울: 컨콜디아사, 1984), 79-86 (역자 수정).

2) 루터의 작품으로 가장 신뢰할만한 것은 바이마르 전집(Weimarer Ausgabe) 이다. 이것은 1883년에 출판되기 시작하여 2009년에 마지막 권이 나올 정도로 방대하면서도 권위 있는 루터작품 전집으로 알려져 있다. 이 전집은 모두 123권으로 루터의 저작, 강의, 설교, 기타 다양한 유형의 작품(WA. 총 84권)과, 성서 번역, 성서 서문 및 난외주(欄外註) 등 성서와 관련된 다양한 작업의 결과물(WA DB. 총 15권), 서신(WA Br. 총 18권), 탁상담화(WA TR. 총 6권)와 기타 수정본(총 6권)으로 구성되어 있다.

3) 이 부분은 권진호, "루터의 '로마서 서문'에 나타난 그리스도인의 삶", 『장신논단』 50-3 (2018), 121-147 일부를 수정·보완한 것이다.

4) A. Beutel, "Theologie als Schriftauslegung", *Luther Handbuch* (Tübingen: Mohr Siebeck, 2005), 444.

5) *WA TR* 3, Nr. 3767. "… incepi legere, relegere et iterum legere bibliam …".

6) 참조. *WA DB* 6,10,7-11,6. - 루터는 이 서문 마지막에서 요한복음, 요한일서, 바울서신, 특히 로마서, 갈라디아서, 에베소서, 그리고 베드로전서가 그리스도가 누구신지 보여주며 구원을 위해 알아야 하는 것을 가르쳐준다고 강조한다.

7) *WA* 54,185,12 이하. 참조. R. Schwarz/ 정병식 역, 『마틴 루터』 (서울: 한국신학연구소, 2007), 65-72.

8) 참조. U. Köpf, "Luthers Römerbrief-Vorlesung (1515/16) - Historische und theologische Aspekte", I. Dingel et al., *Meilensteine der Reformation* (Gütersloh: Gütersloher Verlagshaus, 2014), 53.

9) *WA* 56,3,7-9.

10) 참조. *WA* 56,3,6 이하; 157,2 이하.

11) 참조. *WA* 56,306,26-28.

12) 로마서에 관해 직, 간접적으로 다룬 루터의 작품으로는 『로마서 강의』 (1515-1516) 외에 『라토무스 반박론』(1521), 『노예 의지론』(1525), 『박사학위를 위한 토론 명제』(1535-1537) 등이 있다.

13) 웨슬리의 증언에 따르면, 웨슬리는 루터의 『로마서 서문』을 통하여 1738년 5월 24일 마음이 매우 뜨거워지는 회심 체험을 하였다. 그의 회심에 대한 증언에 대해서는 이선희 역, 『존 웨슬리 설교 선집(I)』 (대전: Holy Mountain, 2018), 646 이하 참조.

14) 참조. 윌리엄 틴데일/ 홍성국 역, "바울의 로마서 서문", 『윌리엄 틴데일의 저술 vol. 2』 (남양주: 기쁜날, 2018), 148-181.

15) *WA DB* 7,3,14-16; 7,27,22-25: "기독교와 복음의 가르침 전체를 요약하고 구약 전체에 대한 서론을 준비하고자 했던 것 같다. 왜냐하면 이 서신을 마음에 간직한 사람은 구약의 빛과 능력을 갖고 있음이 분명하기 때문이다."

16) Th. Kaufmann, "Bibeltheologie. Vorreformatorische Laienbibel und reformatorisches Evangelium", *Der Anfang der Reformation* (Tübingen: Mohr Siebeck, 2012), 87.

17) 참조. Horst Beintker, "Glaube und Handeln nach Luthers Verständnis des Römerbriefes", *LuJ* 28 (1961), 59-60.

18) Volker Stolle, *Luther und Paulus. Die exegetischen und hermeneutischen Grundlagen der lutherischen Rechtfertigungslehre im Paulinismus Luthers* (Leipzig: Evangelische Verlagsanstalt, 2002), 257.

19) 눈에 띄는 사실은 '복음'이라는 개념이 로마서의 중심된 신학 개념으로 설명이 필요한 것으로 여겨지지 않았다는 점이다. 또한 루터는 이 개념들을 로마서 자체의 맥락에서만 설명하지 않았다. 루터는 여섯 가지 개념 가운데 세 개념을 오히려 요한복음에 있는 개념의 이해에 근거하였다. 즉 '죄'라는 개념에 대해서는 요 16:8-9, '믿음'이라는 개념에 대해서는 요 1:13, '육과 영'의 개념에 대해서는 요 3:6에 근거했다.

20) 하나님의 예정에 대한 가르침은 "우리의 구원이 전적으로 우리의 손에서 취해져 오직 하나님의 손에 놓이도록 하기 위한 것이다. 그리고 이것은 매우 필요한 것이다. 왜냐하면 우리는 연약하고 불확실하여, 만일 구원이 우리에게 달려 있다면 단 한 사람도 구원받지 못할 것이기 때문이다. 악마는 분명 우리 모두를 압도할 것이다. 그러나 하나님은 신뢰할만하여 그의 예정은 실패할 수 없고 누구도 그를 제지할 수 없으므로, 우리는 죄에 직면해서 여전히 소망을 갖는다. … 고난과 십자가와 죽음의 곤경을 당하지 않고는, 누구도 피해 없이 그리고 하나님에 대한 은밀한 노여움 없이 예정을 다룰 수 없다"(*WA DB* 7,23,26-25,10).

21) *WA* 39I,283,9-10.

22) 루터에게서 칭의와 구원은 오직 하나님의 자비하심에 달려 있으므로 오직 믿음으로 이루어진다. 따라서 여기에서 윤리적 행위는 설 자리가 없다. 칭의의 경험, 즉 구원의 확신은 (칭의의 법정선언적 측면만이 아니라 실제적 측면에 따라) 내적인 필연성에 따라 선행과 참된 순종에 이르게 하고 즐겁고 자원

하는 마음으로 율법을 행하게 한다. 다시 말해 행위는 믿음에서 나오고, 새롭고 참된 순종은 믿음에 의존한다. 사실 루터 신학의 이러한 구조는 특별히 그의 설교의 핵심적인 특징이자 구조에 해당한다. 예를 들면, 1522년 6월 22일 설교(*WA* 10III,177-200)에서 루터는 부자가 구원받지 못하고 나사로가 구원받은 근거를 믿음과 사랑의 구조에서 설명한다. "믿음의 본질은 하나님에게서 모든 좋은 것을 기대하며 하나님만을 의지하는 것이다. 이러한 믿음으로부터 우리는 하나님께서 얼마나 선하시고 자비로우신가를 깨닫게 된다. 그리고 이러한 인식에서 우리의 마음은 부드럽고 자비롭게 되어서, 하나님께서 우리에게 행하신 것을 체험한 그대로 다른 모든 사람에게 기꺼이 행하기를 원한다. 그러므로 우리는 사랑을 가지고 일어나 이웃을 섬기는데, 온맘과 생명을 다해, 재물과 명예를 걸고, 힘과 정성을 다하게 된다. 그리고 하나님께서 우리에게 행하신 것처럼, 이웃을 위해 모든 것을 사용한다."

23) 이에 대해서는 H. J. Iwand, "Glaubensgerechtigkeit nach Luthers Lehre", *Glaubensgerechtigkeit. Lutherstudien* (München: Chr. Kaiser, 1980), 90 이하 참조.

24) 중세 스콜라 신학자들, 특히 프란시스코 학파는 인간이 자유의지로 은혜 받을 준비를 할 수 있다고 주장하였다. 즉, 죄인은 스스로 구원의 길을 갈 능력이 없지만, 하나님께서 전적으로 받을 자격이 없는 인간에게 먼저 설교나 내적인 감동이라는, 거저 주시는 은혜를 베푸신다(gratia gratis data. 소위 선행은혜). 이제 하나님의 첫 은혜의 부르심을 뒤따르며 계속된 은혜를 갈망할 것인지 아닌지는 전적으로 인간에게 달려있다. 만일 인간이 하나님의 부르심을 따르면, 칭의의 은혜를 받게 된다. 여기서 인간의 행위는 소위 '불완전한 공로'(meritum de congruo. 인간의 자유 의지의 행위로 이루어진 것)로 간주 된다. 그다음, 칭의의 은혜를 받고 난 인간은 자유 의지의 협력으로 – 물론 하나님으로부터 사랑의 영이 부어짐으로 – 율법의 온전한 성취를 이루어 영원한 생명이라는 상급을 받게 된다. 여기서 인간의 행위는 소위 '충분한 공로'(meritum de condigno)로 간주되는데, 상급이 인간의 공로에 상응하여 마땅한 보상으로 주어지기 때문이다. 이러한 은총론은 중세 후기에 옥캄주의에서 강화되며 반(半)펠라기우스주의로 흘러갔다. 모든 인간은 자신이 원하기만 하면, 인간 자신의 본성적 능력으로 하나님께 향할 수 있다는 것이다. 심지어 인간은 본성의 능력으로 하나님 사랑과 이웃 사랑의 계명을 성취할 수 있다고까지 주장하였다. 이에 대해서는 앨리스터 맥그래스/ 한성진 역, 『하나님의 칭의론. 기독교 교리 칭의론의 역사』 (서울: CLC, 2008), 194 이하 참조.

25) 이것은 권진호, "그리스도인의 자유에 관하여", 「목회와신학」 2017 (9월호), 120-128 일부를 수정·보완한 것이다.

26) 이에 대해서는 권진호, "루터의 개명의 신학적 의미", 「한국교회사학회

지」 51 (2018), 7-36 참조. - 루터는 1517년 10월 31일 마인츠의 대주교 알브레히트에게 보낸 편지에서 마틴 루터라는 서명을 통해 새로운 자기 이해 내지는 자의식을 표현하였다. 그것은 바로 새롭게 갖게 된 복음적인 그리스도인의 자유 사상 및 이에 근거한 자유 의식이다. "거룩한 신학박사로 부름을 받은 어거스틴회 마틴 루터"라는 서명은 루터가 신학박사로서의 자유 의식이 있음을 보여줄 뿐만 아니라, 교직 전권과 그리스도로부터 특별하게 임무가 주어졌다는 자의식을 표현하고 있다. 또한 루터는 1517년 11월 11일 랑(J. Lang)에게 보내는 편지에서 'eleutherius'라는 새로운 이름을 사용하였는데, 이것은 당시 스콜라 신학으로부터 자유하게 되었음을 표현할 뿐만 아니라 종교개혁적인 자유 사상을 통해 다른 사람을 자유케 하거나, 적어도 그들이 자유케 되는 것을 돕는 자라는 의미를 표현한 것이다.

27) *WA Br* 1,112,69-71.

28) 『그리스도인의 자유』의 독일어본과 라틴어본이 동시에 비텐베르크의 그루넨베르크(Johannes Rhau-Grunenberg)인쇄소에서 출판되었다. 사실 학자들 간에는 루터가 작품을 어떤 언어로 먼저 썼는가에 대해 많은 논쟁이 있지만, 루터 권위자인 쉬바르츠(R. Schwarz)의 주장, 즉 루터는 독일어본 후에 라틴어본을 작업하였다는 주장이 오늘날 보편적으로 받아들여지고 있다.

29) 중세 스콜라 신학은 믿음과 사랑의 관계를 '사랑으로 형성된 믿음'이라는 명제로 설명했다. 즉, (당시의 믿음이라는 개념에 따라) 교리의 가르침에 대한 지적인 동의의 믿음으로는 불충분하고 여기에 사랑이 추가되어 완전하게 되어야 구원받을 수 있다고 보았다. 하지만 루터는 '사랑으로써 역사하는 믿음'이라는 명제로 그리스도인의 믿음 자체는 구원의 충만함을 경험하기 때문에 즐거움을 가지고 자발적이고 순수하게 이웃을 사랑하고 섬기게 된다고 주장한다. 스콜라 신학이 사랑을 믿음의 본질로 본다면, 루터는 사랑을 믿음의 열매로 간주하고 있다.

30) 루터는 『그리스도인의 자유』 서론에서 믿음에 대한 오해는 믿음의 능력을 조금도 경험해보지도, 맛보지도 못했기 때문이라고 지적한다.

31) 이 작품의 번역은 라틴어본 『그리스도인의 자유』(*Tractatus de libertate christiana*)와 여러 독일어 번역본들을 근거로 하였고 이선희 역, 『그리스도인의 자유에 관한 논고』를 참조하였음을 밝힌다.

32) 이런 점에서 영혼 역시 '육'이라고 할 수 있다.

33) 욥은 하나님을 섬기는 것과 자기 자신을 섬기는 것을 대조하였다. "내 마음이 슬며시 유혹되어 내 손에 입 맞추었다면 그것도 재판에 회부할 죄악이니, 내가 그리하였으면 위에 계신 하나님을 속이는 것이리라."

34) 참조. 빌 3:10.

35) 참조. 벧후 3:18. "오직 우리 주 곧 구주 예수 그리스도의 은혜와 그를 아는 지식에서 자라 가라 영광이 이제와 영원한 날까지 그에게 있을지어다."

36) 루터는 라틴어 성서(Vulgata)를 인용하고 해석하였다.

37) 어거스틴은 "믿음은 율법이 명령하는 것을 성취한다"(Fides impetrat, quod lex imperat)라고 주장하였다(『시편강해』 118편).

38) 이것은 어거스틴의 주장 "당신이 명령하는 것을 주시고 당신이 원하는 것을 명하소서"(Da quod iubes et iube quod vis)(『고백록』 10, 29)와 일치한다.

39) 참조. 엡 5:31-32.

40) 루터는 이 문구를 독일어본에서는 '즐거운 교환과 싸움'이라고 말한다.

41) 참조. 엡 5:26-27. "이는 곧 물로 씻어 말씀으로 깨끗하게 하사 거룩하게 하시고, 자기 앞에 영광스러운 교회로 세우사 티나 주름 잡힌 것이나 이런 것들이 없이 거룩하고 흠이 없게 하려 하심이라."

42) 라틴어본에 빠져 있는 이 문구는 독일어본에는 삽입되어 있는데, 율법의 의를 배제하기 위한 것으로 보인다.

43) 참조. 창 49:3; 민 3:12. – 루터는 교회전통에 근거하여 장자의 권리를 주장하는데, 제롬 이후 교회전통은 창 49:3에 근거해 장자가 제사장과 왕의 직무를 행사할 수 있다고 보았다.

44) 참조. 애 1:11; 5:8.

45) 욥 3:8, 사 27:1에 나오는 괴물로 사단을 상징하거나 죄와 사단에 의한 잘못된 가르침을 의미한다.

46) 고해성사의 요소: 회개(contritio/ poenitentia), 고백(confessio), 보상(satisfactio).

47) 이 부분은 권진호, "루터의 선행 이해. – '불의한 맘몬에 관한 설교'(1522)를 중심으로", 「신학과 현장」 28 (2018), 65-88 일부를 수정·보완한 것이다.

48) 참조. P. Althaus, *Die Theologie Martin Luthers* (Gerd Mohn: Gütersloher Verlagshaus, 1962), 274.

49) *WA* 39I,96,1-9. 참조. B. 로제/ 정병식 역, 『마틴 루터의 신학. 역사적, 조직신학적 연구』 (서울: 한국신학연구소, 2002), 369-370.

50) H. Junghans, "Martin Luther über die Nächstenliebe", *Luther* 62 (1991), 11.

51) 예를 들어 고전 13장(2절)에 대한 루터의 해석으로 P. 알트하우스/ 이형기역, 『루터의 신학』 (서울: 크리스챤다이제스트, 1994), 457-475 참조.

52) W. von Loewenich, *Luther als Ausleger der Synoptiker* (München: Chr. Kaiser, 1954), 50.

53) *WA* 10III,276,19-28.

54) 홍성국 역, "불의한 재물의 비유", 『윌리엄 틴데일 저술. Vol. 1』 (남양주: 기쁜날, 2018), 101-221.

55) A. Peters, *Rechtfertigung. Handbuch Systematischer Theologie Vol. 12* (Gerd Mohn: Gütersloher Verlagshaus, 1990), 51.

56) 쇼를(C. Scheurl)은 1518년 11월 초 베크만(O. Beckmann)에게 보낸 편지에서 루터를 '독일에서 가장 유명한 사람'이라고 칭했다. Bernd Moeller, "Das Ber hmtwerden Luthers", *Luther-Rezeption. Kirchenhistorische Aufsätze zur Reformationsgeschichte* (Göttingen: Vandenhoeck & Ruprecht, 2001), 27.

57) 라틴어 작품으로 된 전집도 두 권 나왔다. ('하나님의 의'라는 개념을 새롭게 깨닫게 되는 소위 종교개혁사상의 발견이라고 불리는 회심 과정을 보여주는 서문이 포함된) 제1권은 1545년에 나왔고, 제2권은 루터 사후 1546년에 출판되었다.

58) 루터는 롬 1:17에 나오는 복음으로서의 '하나님의 의'라는 개념을, 이전에는 능동적인 하나님의 의, 심판하시는, 벌하시는 하나님의 공의로우신 의로 이해했고, 그 개념을 깨달은 이후에는 수동적인 하나님의 의, 죄인을 믿음의 선물을 통해 의롭게 하시는 하나님의 은혜로 이해하였다.

59) 이에 대해서는 우선 알리스터 맥그래스/ 신재구 역, 『위대한 기독교 사상가 10인』(서울: IVP, 1995), 80-92 참조.

60) 참조. 왕하 22:8 이하; 대하 34:15 이하.

61) "Est modus in rebus." Horace, *Satires* I,1,106.

62) 루터는 바르트부르크(Wartburg)성에 머무를 때 헬라어로 된 신약성서를 불과 10주 만에 독일어로 번역하였다. 1521년 12월 18일 요한 랑(Johann Lang)에게 보내는 편지에서 신약성서를 독일어로 번역하는 의도를 처음으로 언급했다(*WA Br* 2,413). 루터는 멜란히톤과 동료들의 도움으로 구약을 번역, 1534년에 성경전서를 출간하였다.

63) 편지 82,1,3.

64) 초대교회 서방의 주요신학자이자 수도사로서 성서를 라틴어로 번역하였다(Vulgata 성서).

65) 어거스틴과 제롬은 수년 동안 성서해석, 무엇보다도 갈라디아서의 바울에 대한 바른 이해를 놓고 서신 교환으로 논쟁하였다.

66) 마르콜프(Marcolfus)는 당시 널리 퍼져있던 대중적인 이야기책이다.

67) 외적인 말씀(성서와 설교)에 대한 루터의 강조는 외적인 말씀을 통해 내적인 말씀인 성령을 주시는 하나님의 역사와 밀접한 관련이 있다. 루터에게서 성령과 외적인 말씀은 분리될 수 없지만, 재세례파는 외적인 말씀을 소홀히 여기며 외적인 말씀과 별개로 이루어지는 성령의 역사를 강조하였다.

68) 16세기 당시 후추는 귀하여 값비싼 향신료였다.